Denise Legrix

MA JOIE DE VIVRE

Croire · sourire · lutter

SOCIETE D'EDITION DES ARTISTES
PEIGNANT DE LA BOUCHE ET DU PIED
Route Ecospace · MOLSHEIM
67955 STRASBOURG CEDEX 9

à mes parents,
mon frère,
ma sœur
et ceux que j'aime.

PREFACE

Les grands combats humains doivent commencer très tôt. Marquée par un lourd handicap, Denise Legrix entreprit dès sa plus jeune enfance la conquête de son autonomie. Elle a gardé en mémoire ses efforts et ses échecs, pour repousser plus loin, au jour le jour, les limites que la nature lui imposait. La volonté d'espérance et la ténacité dont elle fit preuve, et qui furent couronnées de grands succès, l'ont incitée à partager sa bouleversante expérience.

« La vie est impérieuse en moi », dit-elle. « La vie me paraît constamment merveilleuse ... Je proclame que je suis heureuse de vivre. »

Ce témoignage irrécusable, Denise Legrix n'a cessé de le porter dans des conférences, dans les trois livres « Née comme ça » qu'elle a écrits, dans ses lettres en réponse à d'innombrables appels. Elle s'adresse évidemment à ceux et à celles qui connaissent la dure épreuve et elle leur fait prendre conscience des ressources inconnues dont ils disposent, mais elle conseille aussi, avec amour et délicatesse, les parents qui découvrent le handicap de leur nouveau-né et ont besoin d'apprendre quel doit être un comportement efficace.

Comment résister à cette prédication vivante ? On m'a parlé d'un ouvrier, puis contremaître dans le bâtiment. Atteint d'artérite, il fut progressivement amputé des deux jambes. La visite de Denise Legrix à l'Hôtel-Dieu lui fit dire après coup : « J'ai découvert que moi, au moins, j'avais deux bras. » Au lieu de pleurer sur ses deux jambes, il finit par se réjouir de ses deux bras.

Invitée à dialoguer avec les détenus de la prison de Melun, elle déclare avec force que, dans la détention comme dans le handicap, demeure un espace de liberté et que c'est en lui qu'il faut vivre, libre intérieurement. Comme elle, ces hommes ne pouvaient ouvrir une porte devant eux, mais ils gardaient la possibilité de se rendre libres à l'intérieur de telles dépendances.

Son amour de la beauté, son amour de la nature – autant ou même plus que son désir de ne pas être à la charge d'autrui – ont conduit Denise Legrix à développer ses goûts et ses dons pour la peinture. Nombre d'expositions ont fait apprécier son talent. L'Association des peintres « peignant de la bouche et du pied » permet que par le monde ses œuvres soient connues.

Quel cheminement spirituel nous apparaît dans les confidences de Denise Legrix ! En accord avec la première des Béatitudes, elle évoque sa « délectation de Dieu ». Elle ajoute : « J'ai tout partagé avec Dieu, parce que j'ai tout partagé avec les autres. » Et encore : « Ma pauvreté est mon inépuisable richesse. »

« Née privée de bras et de jambes, je ne suis peut-être qu'une partie de l'humain. Mais qu'importe, si cette partie, précisément, est porteuse d'âme. Qu'importe, si ce petit corps peut faire plus, grâce à ce manque, qu'il n'aurait fait dans sa plénitude matérielle. » De telles phrases interrogent chacun de nous. Elles nous dictent aussi une prière d'action de grâces adressée à Dieu, et aussi à Thérèse de l'Enfant Jésus et de la Sainte Face qui a veillé sur Denise Legrix magnanimement.

A.-M. CARRÉ, O.P.
de l'Académie française

PREMIERE PARTIE

Mon enfance

Chapitre 1

La Normandie au printemps. Un 16 mai. Chaque fois qu'à cette date je retrouve le bocage normand, je songe à une journée de 1910, qu'on me dit avoir été si ensoleillée et si belle.

C'était un lundi de Pentecôte. Les bourgeons des pommiers éclatés laissaient chanter leurs couleurs, qui vont des roses chatoyants aux blancs quasi incandescents. Il se détachaient, miracle de grâce, sur les branches moussues et noueuses secrètement torturées.

Un coin qui, pour les touristes, manque peut-être d'attrait. Nul cours d'eau. Un pays plat ou du moins à peine vallonné. Ce qui peut porter à sourire quand, roulant de Cahagnes aux Loges, on découvre sur un poteau ce nom de hameau : Les Hautes Pâtures ! Mais qui n'admirerait les arbres jaillis de cette terre dont ils sont la sécrétion et la parure ?

Les forestiers, majestueux, groupés dans la plaine en boqueteaux que nimbe le ciel, les fruitiers, gages du labeur de combien de générations ! Les pommiers, surtout, orgueil de notre province, et aussi, bordant chaque chemin, chaque sente, ces haies de ronces fraîches où pointent les mûres de demain.

16 mai... 16 mai 1910. Suivons la route qui sinue entre les ensemencements. L'odeur des labours bien fumés fait rêver au parfum prochain, celui de la récolte future, quand les épis, fléchissant sous le grain, seront fauchés.

Là-bas, à gauche, un sentier. Il se transforme, un peu plus loin, en un chemin creux qu'ombragent des frênes, des coudriers et des ormes.

Marchons. Derrière ces frondaisons, n'est-ce pas une habitation ?

En pénétrant dans la cour, nous faisons s'éparpiller une légion de poules grattant le sol, ou nonchalamment étalées dans la tiédeur de la saison. A trente pas, séparé de nous par des pieux de chêne protecteurs, un pré à trois vaches dont l'une vient mettre entre les fils de fer sa grosse tête, et nous fait de bons yeux doux.

Un modeste établi. Un verger foisonnant de pommiers. Et, droit devant nous, qui nous attire, la façade d'une maison basse avec une porte au milieu, deux fenêtres garnies de petits carreaux et de rideaux bien lavés et de géraniums. Un pavé rouge et un peu usé, mais rutilant de propreté, donne envie de rentrer chez de braves gens.

16 mai 1910. Quel jour béni, dans ce cadre agreste où deux beaux enfants aux joues roses, bien portants et robustes, font la joie de la famille Legrix ! Le foyer attend depuis neuf mois... Déjà le petit frère – ou la petite sœur – en fait partie. Il – ou elle – est à la base de tout projet. On a préparé le trousseau. Sourires extasiés devant l'adorable layette. Il sera si menu, ce bébé, qu'il pourra enfiler ce tricot minuscule.

Et comment va-t-on l'appeler ? Chacun propose son prénom. On est joyeux. On trépigne de tendre impatience. On attend...

Et puis, après une nuit de souffrance, de cris, d'angoisse, à l'instant où on va pouvoir dire aux grands : « Venez voir. La petite sœur est là... »

Mon Dieu, quel coup de la foudre ! Quelle consternation ! On sanglote. Les paroles se figent dans la gorge.

C'est que la nouvelle-née, qui pousse piaillements d'un beau courage, la tant espérée, tant rêvée, la voilà qui est arrivée sans bras ni jambes. La nature est quelquefois effrayante.

Et cette « petite sœur », c'est moi.

Je m'imagine. Ce bébé de quatre livres à peine, bien qu'il ait le torse normal. Normal. Comment user de ce mot quand cette poupée de chair ne possède... à gauche qu'un embryon de cuisse s'arrêtant avant le genou... et à droite, absolument rien. L'articulation même est absente. Quant aux bras... Aucun vrai bras. Pas de mains. Seulement des moignons, et moignons qui cessent de façon nette. Pas une croûte ou une cicatrice comme ceux des mutilés. Des moignons de peu de centimètres, celui de gauche moins bref que l'autre. Une poupée, ai-je dit, c'est vrai, mais à qui il est arrivé un accident épouvantable, apparemment écartelée par des brutalités d'enfants. Qu'en faire ? Rien. Déchet juste bon à jeter sur le tas de fumier. C'est ce qu'en d'autres siècles, d'autres pays, on eût peut-être fait. Mais dans nos esprits chrétiens, toute créature a une âme. Même ce petit phénomène, à la face congestionnée, et qui hurle, ressort d'une espèce sacrée.

Le vieux docteur de chez nous, tout bouleversé, n'a en tête que de consoler la pauvre maman :

– Ne pleurez pas ! Voyez comme elle est potelée, comme elle a de la vitalité, cette mignonne ! Ne vous désespérez pas, Allez ! Souvent, ces enfants « à part » sont « doués » d'une façon ou d'une autre. C'est peut-être celle-là qui vous donnera le plus de satisfaction dans vos vieux jours.

En attendant...

Je crois voir, non, je vois le défilé des voisines qui accourent comme pour un deuil :

– C'est vrai, ce qu'on dit ? Pas possible ?

Maman, alitée, et qui me serre contre elle, ne peut empêcher ses larmes de couler. Le chœur des visiteuses :

– Mes bons amis, que ferez-vous d'une enfant pareille ? Quelle charge pour vous toute la vie !

Papa dit :

– On l'aimera comme les autres !

L'afflux ne cesse guère, de plusieurs jours. Sympathie ? Non, curiosité, et curiosité morbide.

J'entends les :

– Alors, le docteur ? Il vous conseille de la garder ?

Elles aimeraient sans doute qu'on me « pique » !

Maman se rebiffe :

– Vous êtes folles !

– Vous fâchez pas ! Ce qu'on en dit, c'est par intérêt pour vous. Sera-t-elle intelligente ? Aura-t-elle sa compréhension ?

Maintenant, certaines poussent leur cruauté inconsciente jusqu'à réclamer qu'on me délange:

– Quoi ! Seulement pour qu'on s'en rende compte ?

Penchées sur cette forme insolite :

– C'est curieux ! Comme sa peau est saine ! J'aurais cru qu'elle aurait des plaies !

– Mais elle a l'air de se porter bien !

– Pourquoi pas ?

– Comprenez. Je veux dire que, quand tant d'enfants normaux...

(Ce mot toujours qui blesse comme une pierre !)

Une voisine, d'un air sournoisement compatissant :

– Vous la vendrez peut-être dans un cirque.

Madame R..., la boulangère :

– Elle a une jolie figure. On dirait qu'elle ne demande qu'à vivre !

Comme c'était vrai !

Chapitre 2

A travers la brume des années, je revois encore la grande pièce où s'est écoulée ma petite enfance, et qui fut, plus que tout autre pour quiconque, mon univers.

Le large lit, au fond à droite, recouvert de cretonne rouge que décorent de noires arabesques... A son bout, une étroite fenêtre donnant sur les arbres du jardin. A gauche, la porte de la « laiterie » - appelation un peu pompeuse. A côté, le buffet de cuisine, vermoulu, où se réfléchissent les pétillements de la cheminée. Cette vieille cheminée chérie, avec son manteau patiné, sa crémaillère luisante d'une sorte de verni de fumée, ces chenets bien cirés sur lesquels crépitent presque en permanence – car notre climat est humide –, les branches de fagots ou la bûche éclaboussant les briques de l'âtre de cendres et de noirâtres brindilles. Le feu, le feu et ses danses sur quoi mes yeux se sont ouverts, et qui m'attacheront toujours – comme tout ce qui bouge – moi, l'immobile.

Au-dessus de cette table règne la lampe à pétrole en porcelaine blanche avec son abat-jour ventru; elle est suspendue à l'une des grosses poutres qui parcourent le plafond de plâtre strié de solives ternies. Tout cela, sombre. Mais les géraniums, sur le rebord des fenêtres, apportent une note gaie.

Que dire de mes deux premières années, sauf qu'elles furent sans complications ? Celles des petits enfants ordinaires. A cet âge, on se contente de peu.On joue avec rien, on pleure d'un chagrin inconsolable qu'un effleurement gentil apaise. « Poupette » aux joues rondes que j'étais, yeux bruns scintillant de malice, ne cherchait qu'à se tortiller comme une anguille dans les bras qui retenaient difficilement ce petit corps incomplet.

Les bras, c'étaient ceux de maman, toujours douce et sans impatience; de mon père déjà mon idole, ou de mon frère et de ma sœur, mes aînés, lui de sept et elle de six. J'étais la seule calinée.

On me demande quand j'ai commencé à me rendre compte de ça.

Je cherche... Qui donc plonge, d'un regard lucide, dans l'océan du premier âge ? Pourtant, il me semble... Est-ce que je ne ressaisis pas vaguement l'impression d'un berceau d'osier garni de cotonnade à fleurettes ? On m'y retrouve chaque matin enfouie au fond, glissée au pied – avec mon chat sur l'oreiller. En fait, est-ce que je me rappelle ? N'est-ce pas maman qui m'a conté ce petit drame de la découverte qu'elle y faisait de moi chaque jour ? Elle s'en serait agacée s'il ne s'était agi de moi. Elle ne comprenait pas ce qui se passait, à savoir que si, « bouchon » animé (n'avais-je pas tout d'un bouchon ?). Je tentais de me tourner, étendue sur le dos, privée de l'appui naturel que fournissent des pieds et des bras, je devais m'arc-bouter contre la carcasse d'osier. Et, naturellement, je roulais, je plongeais, je m'abimais, « sottise » dont on se retenait, par charité, de me gronder.

M'asseoir ! Comme tous les enfants, c'était mon aspiration. Pas commode à réaliser. Essayez, en vous retranchant mentalement le contrepoids des jambes. Combien j'ai dû en tenter de procédés ! Finalement, j'en arrivai – et je n'ai guère varié depuis –, à dénicher le meilleur « truc », qui était de me mettre à plat ventre, de m'appuyer sur mon moignon gauche, de ramener mon semblant de cuisse sous moi, et, d'un coup de reins... Ah ! ce coup de reins de mes dix-huit mois ! Il devait être le leimotiv de ma carrière de gymnaste. Que je l'ai tenté, donné, répété, multiplié ! Je m'y « entraîne » encore chaque jour. Il fait partie de ma « série ». Il m'a procuré une force dans le bassin, une vigueur des muscles lombaires et fessiers qui n'appartiennent qu'au music-hall. Je lui dois l'aisance à se « mouvoir » - si je puis employer ce terme –, dont je me prévaus aujourd'hui. A l'époque, j'y allais souvent trop fort, d'une énergie sans contrôle, de sorte qu'à peine à la verticale, je dépassais le point d'équilibre et retombais sur le dos. Tout était à recommencer une fois, dix fois, jusqu'à ce que je tienne assise. Cela m'apprenait la patience.

Détail... Privé : de tels efforts m'amenaient parfois à me « mouiller ». Tout de suite, c'était un désespoir.

– Vite pipi, maman ! pipi !

J'ai toujours été affolée par l'appréhension d'être sale. On me campait sur le pot. Par prudence. C'était un vrai pot et non une sorte de dé à coudre. J'y étais au large, mais avec la sensation pénible d'être menacée d'y sombrer au cas où cesserait de se tendre ma « cuisse gauche ». Maman, s'avisant de mes transes, me calait entre deux chaises dont j'agrippais les barreaux de mes « petits bras ».

N'insistons pas sur ce genre de rappel peu poétique. Mais ne cachons pas que, toute mon existence, j'aurai eu besoin d'une aide à propos des humbles fonctions. Ça a été et reste pour moi le plus affreux des calvaires. Tout m'y hérisse : ma pudeur, mon horreur « d'embêter les gens », et de les « dégouter » de moi. Nombre de mes assistantes se sont acquittées de la corvée avec un silence, voire avec une sérénité d'infirmière. D'autres... mais on me pardonnera de ne pas revenir là-dessus. J'en ai trop souffert.

Un « poète », de mes amis, entend me suggérer que j'avais à recréer le monde comme j'étais. Remuer, n'est-ce-pas ce qui caractérise toute créature vivante ? Regardez l'enfantelet dans son berceau. Il s'agite et il se trémousse; il cambre ses jambettes; il porte ses doigts à la bouche. Moi, ni jambettes, ni doigts, hélàs ! Pourtant, j'éprouve intensément le besoin de m'en servir. On assure que les amputés ressentent des chatouillements dans leurs phalanges de pieds défunts. Et je tentais d'agir sur mes muscles interrompus. Je ne comprenais pas. Clouée là, alors que j'éprouvais l'envie non seulement de marcher, mais de courir, et vite, plus vite que les autres ! Installée dans ma poussette de bois à claire-voie (que je prisais peu), je me sentais si intimement en train de poursuivre un papillon, de choisir la plus jolie rose que je rapporterais à maman, de jouer avec mon chien tout petit, un ratier blanc et roux, caressant, fidèle, et surtout de batifoler dans l'herbe des prés, qui sent bon.

Parfois, on m'emmenait en promenade. Bien attachée sur le dos d'Aimé, garçon fort, il me semblait que je mouvais moi-même. Pourtant, comme j'aurais préféré mettre une main (les gens ont des mains) dans celles de ma grande sœur, au lieu de me laisser promener par elle dans ma poussette, pour aller cueillir les légumes, ou partir avec mon grand frère en flâneries au long des haies ! C'est là que résidaient les nids, merveilles de petites coques gîtant à la jonction de deux branches. Il me penchait au-dessus d'eux. A l'intérieur, si douillettement capitonnés de mousse et de plumes ces ravissants œufs bleutés et roses pailletés de brun, que je brûlais de saisir.

Le travail, la persévérance de la maman-oiseau m'exaltaient. Ah ! Les mamans peuvent tout ! Mais, Aimé disposait de si peu de temps. Pourquoi n'étais-je pas faite comme les autres ! Peu à peu, dans ma menue cervelle, s'enracinait la notion d'un mystère absurde et atroce. Je n'en disais rien. Je m'étais mise à pleurer, à pleurer souvent, alléguant, si on me questionnait, que le chat Oscar, m'avait griffée, que ma poupée avait été méchante. J'avais le cœur continuellement serré. C'était pour moi comme une barrière qui me séparait de tout, et que je voulais ouvrir à tout prix pour passer de l'autre côté.

Qu'on n'aille pas croire que j'étais triste ! Je n'étais, paradoxe, me raconte-t-on, qu'un perpétuel éclat de rire, prête à pouffer au moindre incident domestique, aux poses drôlatiques de monsieur mon chat. Avec mes poupées, on ne cessait de se faire des niches.

– Fais pas tant de bruit, maugréait Germaine, courbée sur ses devoirs.

Chapitre 3

Longtemps, j'eus le sentiment que c'était quasiment irrémédiable. Aux autres, à toutes ces bonnes créatures – les miens – qui m'entouraient, le privilège de marcher, de circuler ! Pourtant, quel inavouable espoir ! Celui que quelque invention me tirerait de ma stagnation. Une bride de volonté, cette fois, dont je ne suis pas responsable, dont je ne tire nulle vanité. Imprimée en mon âme par Dieu. Ma joie frétillante déjà quand, pour me changer on étendait une vieille couverture sur les carreaux de la cuisine, et qu'on m'y installait, entourée de mes joujoux, dans mon petit fauteuil. Quelle occasion de me risquer sur le sol ! Dans ma frénésie de marcher, il m'arrivait de me dresser sur ma « cuisse », puis, le dos contre le buffet ou le mur, je sautillais quasiment sur place, agitant mes petits « bras » comme des ailerons qui tentaient d'assurer mon équilibre. Sur place, c'était maigre ! Progresser ! Je m'élançais pour traverser la pièce. Parfois, j'accomplissais un mètre au bout duquel je m'écroulais, et je devais me glisser comme une limace pour regagner mon fauteuil ou mon petit parc sans barreaux.

Ou encore, dans ma chaise de bébé au bout de la table où l'on m'amenait à l'heure des repas, combien j'enviais les autres qui faisaient gémir, en prenant place, les emboîtements fatigués de l'antique banc de sapin ! Si par hasard on m'y laissait une fois celle-ci desservie, l'idée me venait de m'y hisser – au prix d'un « retournement » – et d'y ramper dans la direction de tel objet de mes convoitises. Un jour, ce fut un vermifuge qu'y avait oublié ma sœur. Avec mes dents je déchirai le paquet que soutenaient mes « bras »; j'en vidai le contenu sur la table, et, à la manière d'un chaton qui trempe sa patte dans une tasse de lait, j'en imprégnai sa courte manche (ces manches, nous en reparlerons), que je léchai consciencieusement jusqu'à disparition de toute la poudre. Cette fois-là, une autre gosse aurait été malade. Mais j'étais solide.

J'ai parlé de mon petit fauteuil. Mon objectif principal était de m'en évader. De quelle manière ? Pardi, en m'en laissant choir sur le parquet. Il était tout bas, rien de grave. Mais, pour y remonter ? Vous avez devant vous le siège. Vous vous dressez (vous vous « agenouillez »)... sur ce qui pourrait être votre « genou » et, comme cette position ne vous surélève que de quelques centimètres, votre ventre arrive à peine à la hauteur du bord du siège; de vos « petits bras » vous prenez appui sur celui-ci, et d'un « coup de reins » (ce fameux « coup de reins » qui vous devient instinctif puisqu'il est la base de tout mouvement), vous vous « rétablissez » en vous « retournant ». (Gare que votre élan ne vous emporte !). Comme pour tout « sport », mieux vaut s'y prendre tout petit, quand on est plus souple, et qu'on redoute moins le ridicule. Aujourd'hui, je ne m'y risquerai plus devant vous.

Me déplacer ! Circuler ! J'en avais tellement assez de ne pouvoir aller et venir comme les autres. Un jour – je devais avoir trois ans –, ce fut celui où il se trouva que, penchée sur ma chaise à bras, je repérai à proximité immédiate un tabouret. Quelle tentation de passer dessus ! Quelle audace ! Comment m'y pris-je ! Je dus m'appuyer sur la table. Et me voilà – pour la première fois – juchée sur un siège sans soutien. Ce que je risquai! Il fallait que j'aie vraiment le sens de l'équilibre ! Je reconstitue mal la scène. Ai-je navigué, pour commencer, en pilote plein de sagesse, au long de la table et du buffet? Puis, bientôt, m'enhardissant... Un tabouret, c'est léger. Ça obéit aux muscles fessiers. Ça pivote sous vous. Le pied avant droit se soulève et se déplace selon votre caprice. Puis, l'arrière gauche... Puis, l'avant droit. Merveille, j'avais inventé le mode de locomotion qui, avec un peu de variante, demeure de fondation le mien. (Le fauteuil roulant m'a toujours déplu ; d'ailleurs, dans mon état, que m'aurait-il apporté de plus que ma chaise ?)

Maman, qui faisait sa toilette, reparaît. Sa course éperdue vers moi :

– Mais tu es folle ! Tu vas te tuer !

Que de fois l'aurai-je entendue, cette phrase ! Je me demande comment la « faiblesse » de la famille – et mes mines – aboutirent à me laisser user de ce tabouret-véhicule jusqu'à... jusqu'à un incident fatal...

Entre la cuisine et la petite chambre des grands, la vieille porte fermée par une clenche de cuivre à forme ovale. J'errais sur mon tabouret. Revenant de la cuisine, je voulus fermer l'huis. Le pied du tabouret traînant, la porte fit barrage. Je tombai à la renverse sur le crâne. Un évanouissement d'une demiheure. Maman, affolée, me crut morte. De ce jour, le tabouret me fut, en principe, interdit. Le remplaça un fauteuil aux pieds droits présentant toute garantie. Il devint ma monture de choix.

Nul déplacement ne m'arrêtait plus. Au repos, je regardais de haut les mioches que l'on amenait. Je me jugeais supérieure. J'aime dominer, c'est un fait.

Chapitre 4

Dieu, que cela pouvait être assommant d'avoir le bout du nez barbouillé chaque fois qu'on me donnait une tartine ! Et les joues, et le menton ! Un cauchemar ! Je réfléchissais à cela – si on réfléchit à trois ans – en examinant les convives de la tablée familiale qui, eux, maniaient fourchette et cuiller allègrement...

– Maman, risquai-je un jour, si tu mettais la tartine sur mon « bras » ? Je voudrais essayer.

– Essayer quoi ?

Maman fut docile. Mon « bras » gauche était le moins court. Une fois la tartine posée dessus, en équilibre, au voisinage de l'épaule, d'un mouvement précautionneux, je l'avançai vers ma bouche, je la saisis avec mes dents, pour détacher une première bouchée.

Quelle difficulté ! La tartine venait tout entière. Pourtant, à force de patience, j'arrivai à en grignoter un morceau sur place. Après quoi, je continuai jusqu'à ce qu'il n'en restât pas miette – sans avoir souillé ma blouse, ni m'être trop barbouillée.

Ma joie d'entendre maman :

– Elle mange seule une tartine maintenant !

L'on se mit à me gaver de petits beurres, rien que pour me voir faire.

Au cours d'un des repas suivant, enhardie, je m'emparai d'une fourchette qui se trouvait à ma gauche. La serrant entre bras et joue, je tentai de piquer une bouchée... Une personne nantie de mains peut-elle se rendre compte de la mobilité de ces petits morceaux groupés dans une assiette ? Ils se sauvaient devant ma fourchette... Comme font des grains de plomb sur un plateau électrisé. Enfin, à force de patience... Enfin, j'en avais piqué un ! Mais comment le porter à mes lèvres ? Je reposai la fourchette dans l'assiette, et, pesant sur son extrémité, je la fis délicatement basculer dans ma bouche avide. Même difficulté pour détacher de la tartine le morceau que j'avais piqué. Quelle tension de mon petit cou !

Quelle gymnastique de ma mâchoire ! Papa retenait l'assiette :

– Pas moyen, va, Poupette.

– Oh ! laisse-moi. Je veux y arriver.

La prise de la deuxième bouchée fut tout autant laborieuse. Décidément quel travail compliqué que manger seule ! En m'obstinant, j'arrivai à conquérir une sorte de domination de ma fourchette. Au lieu de piquer les bouchées, je glissais celle-ci dessous, ce qui me permettait de les happer plus aisément avec ma bouche. Finalement, au bout de quelques mois, j'en vins à prendre la fourchette entre mon « bras » gauche et ma joue, et à la glisser, je viens de le dire, sous la bouchée. Alors, mon « bras » droit la poussant avec douceur par son bout, je lui faisais faire un rétablissement à l'horizontal sur la gauche... Elle se trouvait en équilibre. Sur quoi, d'un geste mesuré, je la portais à ma bouche.

C'était une opération aussi minutieusement réglée que certaines acrobaties du cirque. Que dire alors de la cuiller, de l'emploi de laquelle, avouons-le, tout fut fait pour me dissuader !

– Tu vas inonder ta blouse ! Tu vas te brûler !

Moi, je méditais l'expérience. Je l'effectuais déjà en songe. Le potage sur la table. La cuiller aussi sur mon gauche, son extrémité contre ma joue. A l'aide toujours de mon « bras » droit, la pousser, puis lui imprimer un léger pivotement. La descendre jusqu'à l'assiette. Pencher ma bouche ouverte... Gober ! Une cuillerée... Ça y était ! Mille fois, j'ai refait en pensée cette manœuvre. Un jour, je me suis lancée et j'ai triomphé :

– Vous voyez ! J'en étais sûre !

Pour consolider mon triomphe, une seconde cuillerée suivit. Les miens me regardaient agir avec une sage lenteur, à demi riants, à demi médusés :

– Bientôt, elle va tout manger seule !

Mais oui, bientôt. Dans ma petite tête, j'en avais la conviction, et que ce n'était pas fini, et que ma drôle de conformation m'autoriserait bien d'autres réussites. Répétons que j'avais de la chance. Sans ce « gauche » de trois centimètres plus long, sans cette cuisse à peine plus importante mais dont la cambrure me soutenait, qu'aurais-je fait ? La vérité, c'est qu'il faut s'adapter. Quel bon génie avait ancré cette assurance en Poupette !

J'en arrivai à manger de tout et toute seule, à condition qu'on me coupât mon pain et ma viande. Maintenant, la cuiller trouvait aisément son équilibre. Le seul ennui, c'est que je salissais… Je salissais quoi ? Ces maudites manches froncées à l'extrémité, emprisonnant mes petits « bras ». Eh oui ! j'ai omis de vous le dire : durant toute ma petite enfance, mes « petits bras » ont bel et bien été engoncés sous l'étoffe. Pour quelle raison ? Dans nos campagnes, les filles n'allaient pas bras nus. Et peut-être mes parents craignaient-ils que les terminaisons saugrenues de mes moignons ne répugnent aux gens, ne les incitent à des remarques désobligeantes. Toujours est-il que, pendant des années, fourchette et cuiller ont déposé des bribes de viande ou de fruit, ou encore de purée sur ma manche. D'où souillures forcées, dont je n'osais pas me plaindre, mais dont je me lamentais tout bas. On avait beau me changer de blouse tous les deux jours, tous les jours, rien n'y faisait. Je donnais du mal ! Et j'étais sale ! Quelle pitié ! J'en vins, sans faire de chichis, à déplier avec ma bouche une serviette qui protégeait ma manche. Ce ne fut que vers huit ans que j'obtins la libération de mes misérables « petits bras ».

Mon ami le « poète » a-t-il raison quand il dit que « j'inventais le monde » ? Au fond, tous et chacun ne l'inventent-ils pas ? Moralement, intellectuellement ! Et moi, si j'accouchais chaque mois de quelque « truc », était-ce autre chose, braquée sur le résultat entrevu, que simple ingéniosité ?

Boire, maintenant ! On se doute que là, j'eus à braver, novatrice de quatre ans, des prohibitions formelles :

– Ah non ! Tu vas pas tout casser. Le verre, c'est fragile. Au plus, on t'autorise un gobelet.

J'exigeais un verre. Pourquoi pas moi ? Indulgent, Aimé consent à approcher de moi le verre désiré. Naturellement, impossible, avec mes « bras » bien trop brefs d'élever celui-ci assez haut. Stupéfaction de mon frère en me voyant enserrer le bord entre mes dents et glisser mon gauche dessous. Il ne comprend pas encore :

– Tu veux quoi faire ?

– Ça.

Vaillamment, je soulève ce qui aurait dû être mon coude, ayant l'air, en vraie Normande, de dire: « A la bonne vôtre ! », et le verre, ainsi bloqué entre mon « bras » et mes lèvres, s'inclina progressivement pour me permettre de boire. La famille, bouche bée, applaudit.

– Elle mérite une goutte de calva…

– Non pas, dit maman. Elle est déjà assez nerveuse.

Le tour de force ne paraissait guère à renouveler, car le verre, posté sur mon « bras » oscillait périlleusement.

– C'est fini, hein !

– N'exagère pas.

Seconde manœuvre. Le verre, de nouveau, arrive en place. En équilibre… relatif.

– Il tient, fis-je, aussi appliquée que l'acrobate qui s'apprête au saut périlleux, plateau en main.

Si je vous disais que jamais il n'y eut d'accident sérieux, sauf ce soir où, méchamment, sur je ne sais quelle observation, j'ai « jeté » le verre sous la table !

Quiconque, aujourd'hui encore, me voit pour la première fois utiliser, conjointement avec mon « droit », lèvres et menton pour déposer tasse ou verre à l'extrémité de mon « gauche » où il commence à vaciller, se récrie d'effroi et me juge téméraire à la démence. Pas du tout ! Je souris, mine de rien. Une si vieille habitude !

Au bref, à environ quatre ans, je n'avais plus guère besoin des autres pour manger (sauf couper la viande), ni pour boire. Libérer mon entourage, me libérer de lui, je ne rêvais déjà que de cela.

Un détail, qui n'en est pas un.

On se lavait les dents, chez nous. Heureusement, car dans ma sensibilité quasi maladive aux odeurs, j'avais horreur de tant de bouches paysannes à l'approche nauséabonde. Si bien que, dès que j'eus la notion de la relation existant entre le nettoyage des dents et l'innocuité de l'haleine, je réclamai qu'on… Or, concevez comme il est difficile de réclamer ce service au voisin si on goûte peu qu'il vous triture lèvres et gencives avec ses doigts.

Ai-je suffisamment expliqué l'aisance acquise par moi de bonne heure à « resserrer » l'un contre l'autre le bout de mes « petits bras » pour qu'ils m'assurent une « préhension » à la manière d'une sorte d'étau ? Moi, je me le suis appris, et vous le noterez, toute petite. J'ai pu, ainsi, aux suspentes de mes épaules, conférer une souplesse étonnante, paradoxale.

Vous m'avez vue « levant » un verre. Autant dire que ce m'était un jeu de porter à ma bouche une brosse à dents. Mais impossible, par exemple, aussi bien de laver les coins que de retrousser les babines, si bien qu'après de multiples essais, je me suis breveté un procédé. C'est d'appuyer le bout du manche de la brosse à la cuvette, de le serrer fort en le maintenant avec mon « gauche », et que ce soit la bouche elle-même qui « râpe » et assure le nettoyage successivement des deux coins.

(Aujourd'hui, c'est sur le dossier de ma chaise que ma brosse prend appui).

Chapitre 5

Quatre ans, cinq ans… Je suis toujours gaie. Et solitaire, oui, dans une famille qui m'adore, mais où règne, c'est un fait, on ne sait quelle froideur campagnarde. Je n'en exempterai que mon père, tout accaparé par les soins de la ferme, du verger, du pacage (il n'était que métayer, payant deux fois par an le loyer à une dame propriétaire qui venait déjeuner ce jour-là).

Solitaire? Il y a bien le jeudi où, parfois, des enfants du voisinage me rendent visite pour jouer. Ils m'effraient un peu. Je sens que leurs jeux ne sont pas pour moi; ni la marelle, qui me plairait bien, ni colin-maillard (je voudrais tant qu'on m'ajuste ce bandeau sur les yeux et chercher, moi aussi, à l'aveuglette). Et cette ronde endiablée où ils se lancent tout à coup sur l'air des Lauriers sont coupés. Tout cela accroît mon impression de solitude parmi les autres.

Je propose :

– Et si on jouait aux métiers ?

– Comment que tu les imiteras ?

Ils se sont groupés autour de moi :

– Si t'avais des jambes, on jouerait à cache-cache.

Guillaume :

– Avec toi, on peut pas s'amuser.

– Eh ben ! t'as qu'à pas venir

– C'est maman qui veut.

André s'est rapproché, de façon qui m'alarme :

– Touche pas à ma chaise. Je vais tomber.

– Tu te ramasseras.

– Je vais le dire !

D'une poussée brusque, je suis projetée, en hanneton, sur le dos. L'un d'eux me trousse la jupe :

– Regarde comment elle est faite.

Je suis hors de moi. Ils me narguent :

– Relève-toi, toi qui es si maligne.

D'un effort surhumain, je me retourne sur le ventre, me redresse à la verticale, pivote deux ou trois fois sur mon derrière. Je suis près de mon fauteuil renversé. Rageusement, je le remets debout, et, d'un bond, me retrouve assise dessus.

Ils sont sidérés :

– T'as vu comment qu'elle a fait le clown !

Ils me tirent la langue, me font des grimaces. Sans risques. Je bous. Ah! si je pouvais leur courir sus !

– Vous verrez quand je serai grande !

Maman, quand elle reparaît, distribue des tartines. Les voilà tout aimables.

Eux partis :

– Eh bien ! Tu as passé une bonne journée ?

Je secoue la tête :

– … Non.

Ils sont pourtant gentils. Mais toi, tu n'es jamais contente !

Seuls, deux garçonnets plus âgés me laissent la gratitude

de leur gentillesse. C'étaient Edmond et Auguste. Auguste surtout (disparu aujourd'hui). Lui, surveillait chacun de mes regards. Si l'un d'eux se posait sur un bibelot, sur une fleur, il s'élançait pour me les chercher. On se comprenait sans parler. Quelqu'un me taquinait-il vilainement, il y allait de taloches, si bien que, lui présent, les persécuteurs s'abstenaient.

Mon chevalier sans peur ni reproches ! Au bout de quelques années, émigré avec ses parents, il s'effacera de mes relations, non de ma pensée. Longtemps encore, j'ai murmuré chaque fois que les choses tournaient trop mal :

« Ah! Si Auguste était là ! »

Mes véritables compagnons étaient mes poupées et mon chat. Elles, dont surtout la favorite, Francette, pour laquelle mon cœur a vibré tôt d'une ferveur maternelle. Lui, mon Oscar, pesant matou aux yeux pers, qui m'avait adoptée sans doute parce que j'étais la seule statique, et qui, ayant grimpé d'un bond sur mes genoux inexistants, ronronnait sans fin, appelant une caresse qui ne pouvait pas venir.

Il y avait des plaisirs à l'extérieur, raréfiés pour moi à l'extrême durant la mauvaise saison, jouissances infinies en été. On me déposait dans la cour, que je parcourais sur mon fauteuil, ou on m'emportait – pas trop loin, car je commençais à devenir lourde. Ah! les frondaisons, les ruisseaux, le cheminement des nuages, les émanations enivrantes du ciel, des arbres, des fleurs !

J'avais scrupule à fatiguer, et horreur qu'on me le fit sentir. Ma rancœur cet après-midi où je demandais innocemment « ce qu'il y avait au haut de cette côte », et où mon porteur, un voisin, s'exclama durement :

– Non de d'là, t'as pas la prétention que je t'y monte à bras ?

La famille, catholique de souche, était pratiquante sans excès. Chaque dimanche, on effectuait la promenade rituelle jusqu'à l'église de Cahagnes distante de trois kilomètres. Aux beaux jours, j'en étais, dans ma poussette. Sous la voûte, concevant juste que c'était là la demeure du bon Dieu, de la

Vierge, du petit Jésus, je m'abîmais dans la révérence de l'encens, des chants, des lumières.

« Bon Jésus, soupirais-je tout bas, dis-moi pourquoi je ne peux pas marcher ! »

Mais je ne lui en voulais jamais. C'était un malheureux hasard.

La fête de la Sainte Enfance avait lieu en juin. Quel spectacle, le défilé des dizaines de jeunes enfants de la commune portant, pareils à des petits anges, des cierges de diverses couleurs ! Maman, me pressant dans ses bras, prenait place en queue du cortège. On évoluait avec lenteur vers la statue de l'Enfant-Jésus qui, parée de toutes fleurs du printemps, me souriait en particulier. On récitait une courte prière. Monsieur le curé distribuait des médailles et des images. Il me caressait la joue au passage. Les assistants, hochant la tête, avaient pour moi des « Qu'elle est mignonne ! », qu'émaillaient des « C'est-y pas malheureux ! ».

C'est un de ces étés-là que j'ai surpris une horrible parole…

Je suis dans la cour. Des étrangers passent sur le chemin. Ils jettent un coup d'œil de mon côté et bavardent sans gêne :

– C'est la petite, vous savez, dont le père…

– Qu'est-ce qu'il a fait ?

– On dit qu'il a tiré un coup de fusil sur un calvaire.

– Pas possible ? Alors c'est bien fait.

Mon cœur a tressauté. Je n'y crois pas. Pourtant, je ne puis me retenir, après un jour de tourment, de m'en ouvrir à maman :

– C'est pas vrai, dis ?

Elle blêmit :

– Papa n'a jamais eu de fusil, voyons ! Il n'était pas assez riche ! Oh! les sales bêtes !

– Papa est bon. Jamais… une chose pareille ?

– Tu penses ! Comme ça lui ressemble !

– Et d'ailleurs, pourquoi le bon Dieu se serait vengé sur moi ?

Cette imputation qui a couru loin et longtemps à la ronde m'a hantée pendant des années. Plus tard, j'ai mené discrètement une manière d'enquête d'où il résulte que ce geste affreux avait bien été commis. Mais c'était à Verson, près de Caen. C'était en 1886. Papa habitait à quinze lieues. Il avait treize ans. Ah! le monde!

La famille autre que la «famille» comptait relativement peu pour moi. Il y avait tante Lina, de Paris, qui venait passer les vacances à la maison. Aussi des oncles qui n'étaient guère pour moi que des prunelles apitoyées, des moustaches humides.

On se rendait souvent chez marraine, dont la demeure m'enchantait à cause de son large escalier. Les escaliers ont toujours exercé sur moi une attirance. Celui-là, je l'abordais furtivement, me glissant en catimini de ma chaise sur sa première marche. De là, m'arc-boutant contre le mur, me soulevant sur ma «cuisse» gauche et pivotant astucieusement sur elle, mon coup de reins me juchait vite sur la seconde, et, en un rien de temps, sur le palier de l'étage, d'où je redescendais en sautillant comme un moineau, aux reproches de la société qui avait perdu ma trace.

N'aurait-on pas dû me faire confiance puisque je ne suis jamais tombée? Mais, n'est-ce pas, j'étais à part. A l'issue des repas, quand on me plaçait sur la table et qu'on m'incitait à «chanter», j'étais, d'une part, fière (cabotine) de concentrer l'attention sur ma personne, et, d'autre part, sourdement blessée (ce qui peut se passer dans une petite tête) que Poupette soit considérée avant tout comme un amusement.

Mes grands-parents habitaient, eux, avec leur fils Max, un vieux moulin situé à près de vingt lieues de chez nous. Je revois le toit de chaume, les deux chênes rabougris, la passerelle accostant la route, le muret longeant l'étang. Mon grand-père, à la moustache blanche, l'allure distinguée d'un Monsieur, était tourneur sur bois. J'adorais me faire asseoir sur un tas de copeaux, dans l'atelier, écouter le fracas de l'eau sur la roue qui tournait en grinçant, contempler l'oncle Max entrepointant son morceau de bois, puis mettant le tour en marche. Des étincelles jaillissaient en même temps que des confettis de bois; puis de longs rubans se détachaient en tire-bouchonnant. Peu à peu naissait un élégant pied de table, avec moulures et collerettes. Ce qu'on peut faire avec des mains !

Et, le soir, sur le muret de l'étang, tout le monde, y compris les diablotins de cousins, bavardait joyeusement en attendant la bonne soupe aux légumes que grand-mère nous répartissait dans des « dichons » de toutes teintes. On avait faim. On se régalait. Quel bonheur tranquille ! Ou encore, grand-père s'asseyait dans son fauteuil et me saisissait sur ses genoux pour me conter des histoires de minets et souris. Moi aussi, j'étais un minet. Je me blotissais contre son épaule. Sa moustache me chatouillait le front. Il me faisait l'effet d'un grand roi entouré de toute sa cour.

Les derniers reflets du soleil, mauves et roses, traînaient sur l'étang; les rainettes inauguraient leur concert dans les roseaux. Ce qui me réchauffait le cœur, c'est que grand-papa me traitait comme sa petite-fille préférée, non comme un pantin.

Chapitre 6

Si je m'étends un peu longuement sur ce que fut mon premier âge, c'est parce qu'il fut la clef de tout le reste. On me dit que c'est le cas général, que l'être est tout entier dans l'enfant. N'est-ce pas encore plus vrai pour moi ? Sans l'instinct de foi et d'espérance, sans l'inconsciente résolution que, du jour où s'éveilla mon âme, j'eus de m'en tirer, peut-être serais-je demeurée cette larve figée dans sa gangue que le malheur voulait faire de moi.

Edmond m'apporte un jour une balle. Peut-on croire que je n'avais jamais vu de balle ! Cet objet qu'on jette d'un geste gracieux, qui rebondit sur le sol, après lequel galope mon petit chien... Ah ! Comme je voudrais m'en emparer !

– Tu me la prêtes, Edmond ?

– Que t'es bête ! Tu peux pas, voyons ! Faut des mains.
– Donne toujours. J'ai une idée... Oui, donne. Là entre les « bras » (pour moi, mes pitoyables moignons ont toujours été des bras; je les ai toujours appelés « mes bras »).
C'est fait. Je suis dans mon petit fauteuil. Je m'approche du mur. Je projette la balle avec ma « pince ». D'un coup sec. Elle me retombe sur le nez et roule naturellement à terre.
– Je te l'avais dit, que tu pourrais pas !
C'est un défi ? Je le relève. Me laissant choir auprès de la balle, je la prends entre « bras » et menton. Je me rétablis sur mon siège. Nouveau lancer. Cette fois, l'engin m'arrive en pleine poitrine, et mes « petits bras » la capturent.
– T'as vu, Edmond ?
– T'es merveilleuse. Il faudra que ta maman t'en achète une.
– J'en voudrais une rouge, une grosse.
De ce jour, je me suis mise à jouer souvent à la balle, même seule.

Nos voisins, les Renouf, ont un fils, Bébert, de mon âge, qu'un accident retient au lit pour quelques semaines, une jambe dans le plâtre. Ses parents nous font dire :
– Si Poupette venait lui tenir compagnie ? Puisqu'elle ne peut pas marcher, elle ne le lâchera pas comme les autres.
Ce rôle d'assistante me ravit. Comme Bébert envoie tout par terre, je dois me laisser à chaque instant glisser pour lui ramasser son crayon, son cahier, son « nounours ».
Mais le feuillet à plat sur le plancher, comment faire ? Essayons ! Je me courbe. J'applique ma bouche sur le papier, qui y adhère et se soulève... Puis, je passe mon « bras » dessous. Voilà !
Bébert se tord :
– Ce que tu me fais rire !
– Ecoute, si tu étais à ma place...
– J'aime mieux pas y être.
– Il m'apprend le nain jaune, qui me passionne. Mais sa mère s'aperçoit soudain que je cueille les cartes avec mes lèvres pour les ranger à la verticale contre une boîte.

– C'est assez, fait-elle. Tu joueras ce soir avec ton frère.
– J'aime bien jouer avec Denise.
Je baisse la tête. Ça ne m'empêchera pas de revenir chaque jour.
Bébert guérit, je ne le revoie plus.
– Maman, comme je m'ennuie !

Cette légère brouette d'un bleu délavé, qui, jadis, a servi de jouet aux grands, dort depuis beau temps dans le cellier. Que de fois j'ai songé à elle ! Alors, un jour, je me décide :
– Papa, tu veux me donner la brouette ?
– Tu as assez de choses comme ça.
– Je voudrais coucher mes poupées dedans.
– Mais tu ne pourras jamais !
Ce n'est pas positivement un refus. Et je voudrais tant. Papa le sent.
Je me suis laissée aller sur le sol. Il fait sec. Il me semble que je vais me saisir des brancards et entraîner la brouette. Hélàs, ils sont trop écartés. Mes « bras » sont trop courts. Papa tourne le dos… pour ne pas voir ça.
Pourquoi pas moi ? J'entreprends de pousser avec mon buste les deux pieds de la brouette traînant… Mais non ! Je remonte sur mon fauteuil. Je crie :
– Maman, t'aurais pas une ficelle ?
Elle me répond qu'il est midi (l'heure du déjeuner).
Je flâne dans la cour, près de la porte du cellier restée ouverte. Il y a là une marche à gravir. Je me lance, et me retrouve à plat ventre, ma tête ayant cogné la porte. Instinctivement, j'esquisse le mouvement de me toucher le front. Avec quoi ? J'ai mal. Tant pis ! Mais, malheur, voilà ma blouse souillée de poussière. Je l'arrose de mon souffle, de toutes mes forces. Ça ne rend guère. Si seulement j'avais des doigts !
L'idée de la ficelle ne me quitte pas. Mon « bras » gauche s'insinuant dans un barreau de mon fauteuil, je parviens à hisser celui-ci dans le cellier et repars en exploration.
Tiens, de vieux vêtements de travail et un feutre accrochés au mur. Au-dessus, une cordelette. Voilà qui ferait mon af-

faire. Il me manque vingt centimètres... Mais voyons, en tournant la corde avec mes dents. Je me laisse retomber. Papatras ! Je suis engloutie sous une avalanche de hardes. Je hurle. Maman, en me découvrant, ne peut s'empêcher de rire. Mais je n'aurai la corde qu'après le déjeuner.

A table, maman a raconté l'histoire :

– Entêtée comme une mule, cette Poupette ! Elle ne veut jamais attendre.

(Alors que j'ai le sentiment que ma vie se passe à attendre !)

Ce repas est interminable. Sans trêve, je rumine mon projet. Au dessert :

– Je vais jouer ?

– Va.

Brouette et cordelette sont là. L'extrémité de cette dernière sur mon « bras » droit, je réussis à en entourer le bout d'un des brancards. Usant de mon « bras » gauche et de ma bouche, je serre fort, je fais un nœud et, laissant un peu de jeu à la corde, la fixe à l'autre brancard.

C'est un résultat magnifique.

Maintenant, sur le ventre, je rampe jusqu'au milieu des brancards. Je me soulève, la corde sur le cou. Recourant à mon habituel roulis du bassin, vous me voyez avançant doucement, poussant ma brouette.

– Celle-là, qu'est-ce qu'elle n'inventera pas ! fait papa.

Chapitre 7

Mais voilà qu'un bizarre événement... La guerre ! Il paraît qu'il y a la guerre. Toutes les personnes ont l'air frappé. Les « Allemands » se sont rués sur notre pays, tranchant les poignets aux petits enfants (au moins je ne risque pas ça !). Ils se répandent. Ils vont peut-être arriver en Normandie. Ces choses sont imprimées dans le *Journal d'Aunay*. Les hommes partent à la bataille, tous les oncles, quantité de cousins. Papa, à son tour, nous quittera. Il va protéger les chemins de fer. Pas si loin de nous, près de Caen; mais on ne le reverra que par intervalles, en pèlerine bleue et képi. Comme il manque à sa Poupette, qu'il projetait vers le plafond, à la faire mourir de rire ! On n'a pas de quoi prendre quelqu'un pour le remplacer. Pas beaucoup de sous. Il ne reviendra qu'au bout d'une éternité de mois.

Des mois qu'il faut employer.

Depuis longtemps, quand Germaine et Aimé s'attablaient pour faire leurs devoirs, combien je les enviais ! Me servir d'un crayon jaune ou bleu, remplir un cahier à couverture rose, c'est cela qui ferait de moi une « comme les autres ». Déjà, si je pouvais feuilleter leurs livres de classe ! En allongeant mon (grand) « bras » gauche, j'amenai un volume bien en face de moi. Je me courbai. Je fis tourner une première page avec ma bouche. Lâcher... Maintenant, une seconde page... Et ainsi jusqu'à la dernière. En m'arrêtant aux images.

Bon. Lire, ce serait pour demain. Dès qu'on voudrait bien m'apprendre.

Maman et ma sœur se relayèrent pour me faire effectuer ce pas.

Maintenant écrire. J'avais cinq ans. J'en reviens aux services sans pareils qu'est apte à rendre la bouche. Vous n'y voyez peut-être, vous, qu'un trou où mettre la nourriture ? La bouche, c'est aussi une machine à palper, à prendre, à tenir. Elle compense quantité de manques.

Pour écrire, la première idée qui vient à ceux qui n'ont pas de mains, c'est de se fourrer un crayon dans les quenottes, et beaucoup s'en tiennent là. Avec de légers remuements de tête, on arrive à griffonner. Hélàs ! Quel affreux gribouillis !

– Maman, si tu me montrais les lettres ?

Heu... Ce grand I à reproduire, ce ne devait pas être sorcier ! Aïe! Il m'en fallut pourtant des séances pour le planter tout tremblotant avec son chapeau sur la tête. Et les voyelles, alors ! Tous ces « ronds » qui viennent se greffer sur des jambages, quel casse-tête ! Et les consonnes dont certaines aux conformations inqualifiables ! L'X surtout me donna du fil à retordre. Mais quoi, je ne manquais pas de temps, et je voulais tant en venir à écrire comme les grands !

Et une fée tutélaire entrait justement dans ma vie. C'était une nouvelle tante, Marcelle, qui venait d'épouser, à Coutances, un frère de maman, mobilisé. Elle était institutrice. Je ne l'aurai vue que bien peu de fois. J'entrevois une silhouette brune, des yeux noirs, un sourire qui mettait en confiance. Enfin, une créature qui s'intéressait à mes « études » ! Elle rectifia, pour commencer, ma prise de crayon, m'en conseilla un plus long (j'en ai un spécial aujourd'hui), m'envoya bientôt une ardoise accompagnée d'un porte-mine, de crayons de diverses couleurs. Enfin, un livre de lecture.

Ça y était ! J'étais une écolière, l'égale de ma sœur et de mon frère !

Ma petite tante me promit qu'elle me prendrait dans sa classe quand je serais plus âgée. Je reçus d'elle des lettres, les premières qui m'aient été adressées personnellement.

Tante Marcelle reconnaissait comme moi (je m'étais regardée dans la glace) que le crayon entre les dents ne faisait pas joli-joli. J'ai essayé de le tenir entre mes deux « petits bras » que j'appuyais à la table. Mais la compression de mon thorax par mes moignons trop courts me coupait la respiration. Promenée par mon aisselle droite, l'écriture manquait trop de souplesse et délié.

Un jour, je fis la découverte (inspirée de ma technique-cuiller), c'est qu'avec le crayon placé le long de mon « bras » gauche, avec son bout appuyé à mon épaule et mon menton en étayant le centre, cela marchait autrement bien.

Tante Marcelle fut enthousiasmée :

– Tu écriras comme tout le monde.

Germaine, magnanimement, me fit don de son superbe porte-plume rouge, plus allongé que la moyenne. Un porte-plume, fierté suprême ! Je pourrais m'en servir comme elle ! Je m'en suis depuis fait fabriquer un spécial. Cette méthode m'a aidé à écrire rapidement... et, peut-être, plus lisiblement que certains (mais ne dit-on pas, dans mon pays, qu'une belle écriture est la science des ânes !).

La maison des grands-parents n'était pas très éloignée de Coutainville. La mer, mon rêve depuis toujours ! Il fut décidé de m'y conduire, cet été-là, « parce que j'avais été sage ».

Je me figurais la plage comme une étendue plantée d'arbres, et que nous y serions entre nous. Et que j'y ferais des pâtés, comme papa me l'avait expliqué, et qu'on m'assiérait près des flots et que j'y lancerais des galets comme j'arrivais à lancer balles et billes.

Déception ! C'était plein de monde. Et vous pensez si, tout de suite, je fus remarquée.

– Regardez-la-moi ! Pas de bras ! Pas de jambes !

– C'est-y permis de montrer ça !

J'avais peine à ne pas pleurer. Grands et petits se déchaussèrent, et nous restâmes, maman et moi, à une distance énorme de la ligne d'eau miroitante, noyées dans une mer... de souliers.

Maman s'efforce de me faire jouer. Elle m'avait acheté une pelle. Mais, au moindre de mes mouvements, des gamins venus m'épier :

– Oh ! vise la petite fille !

Je n'osais littéralement plus bouger.

Les parents :

– C'est ridicule, vous ne trouvez pas, de sortir une enfant pareille !

– Oh! retournez-vous, ma chère. Ne regardez pas ! Moi, elle me fait mal.

(Dans ma candeur, je me demandais quel mal je faisais à ces dames.)

A un moment, je vis des larmes perler dans les yeux de ma mère :

– Qu'as-tu maman ? Tu as du chagrin ?

– C'est ce coquin de soleil. J'aurais besoin de lunettes noires.

La marée montante ramena la bande joyeuse. Papa, qui l'avait devancée, m'avait portée auprès d'une grande flaque. Et là, ce fut merveilleux ! Il plaçait coquillage ou galet sur mon petit « bras » et « zou » ! Je les lançais de toutes mes forces. Il se trouvait que papa les attrapât sur le nez. Alors, quelles fusées de rires.

Comme on s'apprêtait à remonter en carriole :
– Cette fois, tu t'es bien amusée ?
Je préférais être franche :
– Oh ! non !
– Pourquoi donc ?
– Y avait pas de place.
C'est drôle, je répondais cela parce que c'était toujours mon impression de ne pas avoir de place. . .lorsque je me trouvais entourée d'inconnus. Un psychanaliste dira qu'obscurément je me sentais en marge, écartée, « sans place » en effet dans la communauté enfantine – demain humaine.
Triste ! Mais ma réponse fit rire :
– C'est toi la plus petite, et. . .
J'avais une de ces envies de pleurer !
– Elle est fatiguée, dit maman. C'est l'air marin.

Chapitre 8

J'ai dit que ma poupée Francette était le soleil de mon existence. je lui tolérais tous ses caprices, et la serrais dans mes petits « bras » au risque de faire éclater son ventre bourré de son. Je la dorlotais; je la baignais, opération délicate, dont je sortais aussi mouillée qu'elle.
Mais c'est la parer de fanfreluches qui était ma vraie folie.
Noémie, la couturière, venait régulièrement à la ferme. Connaissant quelque peu la coupe, elle donnait des conseils à maman. A elles deux, elles vêtaient la maisonnée.
Un petit singe de votre connaissance s'asseyait au bout de la table avec une aiguillée de fil et s'essayait, pour débuter, à enfiler des boutons. Ah ! ce n'était pas bagatelle !
Vous représentez-vous les « petits bras » s'évertuant à tenir ce bouton, qui leur échappait neuf fois sur dix ! Le ramasser, le remettre en place. L'assujettir en ce semblant de tenaille. J'avais un fil pendant de la bouche, humecté, durci par la salive. Il s'agissait de bien viser pour le faire passer dans le chas.

Une fois l'aiguille enfilée, en faire basculer le bout, tirer le fil avec mes lèvres. Et ainsi de suite... Je vous fais grâce des ratages. Encore n'était-ce là qu'entraînement dans le vide. Ce qu'il fallait, c'était coudre, c'était « couper », « tailler »... et ça !

Je contemplais méditativement mes « bras » toujours engoncés dans des fronces. Un jour :

– Maman !

– Quoi ?

– Donne-moi... une aiguille

– Pourquoi faire ?

– Je voudrais... avec ma bouche...

– Pour que tu l'avales ! Il en serait parlé !

Il en fut tant parlé en effet qu'on finit par céder... comme presque toujours.

– Mais fais attention ! Surtout !

Je fis tellement attention que je parvins, après peut-être une heure, à piquer l'aiguille enfilée dans la découpe de finette rose. Mais, c'était dangereux, c'est vrai. Comment faire intervenir mes « bras » que paralysaient ces maudites fronces ? Une fois l'aiguille en position, je voulus, la quittant des lèvres, la pousser discrètement à l'aide de mon moignon droit... Le bout de l'aiguille m'entrait dans la chair. C'était à crier. Je criai. Mais je continuai. Il fallait !

Mes premiers points allaient dans toutes les directions. Mais il y en avait quelques-uns de réussis.

– Maman, vois, regarde ! J'ai cousu !

Que de fois le morceau de tissu se trouva cousu à la fronce ! De quoi me faire moquer de moi. Tant pis ! M'exercer ! Je m'y contraignis durant des semaines et des mois.

Finalement, j'avais rattrapé n'importe quelle fillette de mon âge en fait de couture et même de « points de fantaisie »; aussi, me voyais-je déjà en train de broder des napperons, des porte-serviettes, dont je ferais cadeau aux amies. Je prenais de l'aplomb :

– Passe-moi les ciseaux, Noémie. Je vais faire une robe à ma fille.

C'était le comble ! Ce fut l'occasion de la pire des algarades. Des ciseaux maintenant ? Et que je manierais comment ? Dans manier est-ce qu'il n'y a pas main ?

Maman paraissait intraitable :

– Non et non ! Je finirai par me fâcher !

Il y avait de quoi ! Comment ne pas craindre pour mon bout de nez, pour mes yeux !

Moi, j'étais tranquille. Je savais comment cela finirait.

– Eh bien! essaie. Je surveille.

Au début, maman se tenait à côté de moi, en alerte, penchée sur la bévue possible. Combien j'en entendis encore des :

– Renonce, va !

Mais il ne faut jamais renoncer. Relativement vite, en conjuguant l'action de mes « bras », de ma bouche, et des remuements de tête, je finis par les « manœuvrer », ces ciseaux, presque aisément. J'en étais à découper de façon quasi impeccable les figurines dont je faisais collection. Quand je serai grande, j'achèterai toutes ces belles choses à maman.

Il y eut une victime, ce fut une autre de mes poupées, blonde et articulée, présent d'une des amies de ma sœur. Elle était plus belle que Francette; mais elle, je ne l'avais jamais aimée. D'où mon initiative sadique, un matin, de lui couper tous ses cheveux, ce qui me fournit une raison malhonnête de la priser encore moins. En compensation cependant, je lui confectionnai un choix de chapeaux extraordinaires dignes d'une grande mondaine, honneur acheté par une myriade de piqûres en son crâne dénudé.

Décidément, je serais modiste ! Tante Line m'apportait, chaque fois qu'elle venait en vacances, un assortiment de bouts de feutres et rubans. Tulles, satins, petites plumes, fleurs, perles, etc., de quoi innover génialement sur la tête de mes filles favorites et même sur celle de mon gros Oscar qui s'endormait au cours des essayages, complice comprenant le besoin que j'avais d'un mannequin vivant.

Qu'avais-je à faire sinon travailler? Germaine continuait de m'assister pour mes pages d'écriture, mes dictées, mes exercices de calcul. C'est là que je brillais le moins, pas calculatrice pour un sou. Il est vrai que me faisait défaut l'émulation que les autres connaissaient à l'école. Avec mon petit caractère, j'envoyais parfois promener ma maîtresse de bonne volonté et même Aimé qui se gendarmait en remontrances amusées.

L'écriture, oui. Les rédactions. Je débordais souvent les sujets qui m'étaient proposés par le livre. Je me jetais dans des histoires de petits enfants volés par d'abominables bohémiens, mais qui, pour finir, recouvraient leur foyer et leur bonheur. J'adressais des lettres à des correspondantes imaginaires, leur contant mes projets de mode, mes soucis concernant l'avenir de mes filles, sans parler du mien propre. Le papier accepte tout. Quel incomparable confident! J'adorais lire. Les *Malheurs de Sophie,* reçus pour ma fête, me bouleversèrent. Tant d'infortunes! Tant d'injustices! Il devait y avoir, de par le monde, tant de petits souffrant d'un manque de compréhension et de tendresse. J'aurais voulu les joindre et consoler. Moi, c'était autre chose, un cas comme il n'en existait pas deux. Mais eux, ça me révoltait. J'exigeais qu'ils fussent heureux. D'entendre parfois pleurnicher, après fessée, des petits voisins, m'arrachait l'âme.

Un matin, ne fus-je pas prise de sanglots qui n'en finissaient plus à l'ouïe d'un horrible accident que nous narrait une vieille femme! Il ne s'agissait que d'un cheval. On se moqua copieusement de moi. Et pourtant, les bêtes aussi sont à plaindre.

Je passais des heures à la fenêtre. Le pays, le monde, que c'était beau! Rien qu'à contempler à travers la vitre. Le ciel, les nuages, leurs courses, leurs enchevêtrements étranges... La pluie, son glouglou infini, les compétitions des gouttes sur le verre, cette grosse qui laissait filer les petites et leur tombait dessus comme un ogre... L'orage, ses coups de griffes qui éblouissent, et, tout de suite après, la foudre qui me faisait me recroqueviller sur mon fauteuil en appelant.

Les couchers de soleil souvent splendides me rendaient pourtant cafardeuse. Il me semblait que le jour emportait quelque chose de moi. Heureusement, les étoiles ne tardaient guère à scintiller, dont une qui était mon amie, qui palpitait spécialement pour me donner du courage.

De ce courage dont j'avais tant besoin.

Chapitre 9

Ce jour de neige, j'ai supplié qu'on me porte dehors et qu'on me donne ma petite bêche.

– Tu vas prendre froid ! Tu vas...

Mais comme j'ai toujours gain de cause.

Me voilà installée sous maints tricots et une mantille, au cœur d'une aire de blancheur. Je suffoque de l'envie de la toucher, de m'y rouler, d'y marcher, courir. Ça m'est interdit, à moi. Je suis la gourmande qui, du dehors, hume la fumée du bon plat, la voyageuse qui meurt de soif et n'a que quelques gouttes à boire. L'instant, tel qu'il est, est grisant.

Je pris la bêche sous mon « bras » droit appuyé contre ma poitrine, le gauche balançant l'instrument. Ainsi commençais-je d'édifier une montagne qui ne tarderait pas à égaler le pommier d'en face. Jamais constructeur de pyramide ne fut aussi fier que je l'étais dans le tourbillonnement des flocons. Car il s'était remis à neiger.

– Maman, maman, viens voir, ça monte !

Maman surgit :

– Tu en fais du beau, te voilà trempée.

Je fus emportée, frictionnée, cheveux séchés, changée de blouse.

– Tu ne recommenceras pas, j'espère.

Allons donc ! Je me promettais qu'à la première occasion...

Si je vous disais que des ragots...! Vous ne le croiriez pas. Le bruit couru que mes parents me mettaient dehors par ces frimas dans le secret espoir de se débarrasser de moi. Fallait-il prévenir les gendarmes ? Et des commères me caressaient la joue hypocritement !

Au printemps de cette année-là, l'obsession me naquit de rencontrer un être encore plus démonstratif que ne l'étaient mes poupées.

Un canneton de la couvée nouvelle, une patte ankylosée, était considéré de travers par ses camarades bien portants. Il marchait difficilement, arrivait en retard pour la becquée. Je me pris d'amitié pour lui qui n'était pas non plus « comme les autres ». Dieu soit loué, il correspondit. Il penchait vers moi sa petite tête d'un air de malice attristée, comme pour me dire : « Nous faisons la paire ! ». Finaud a souvent profité en secret d'une double ration de galette.

Nous faisions dans la cour exiguë des promenades; il m'accompagnait, moi, me trimbalant dans mon fauteuil; nous nous méfiions seulement d'aller du côté du puits où Croquemitaine montait la garde.

Ah ! Finaud ! Les réflexions de mes sept ans à son propos. Pourquoi le bon Dieu l'avait-il fait ? Et moi ? Etions-nous des sacrifiés ? J'entendais bien monsieur le Curé, quand il passait à la maison, répéter que j'étais bénie, que les enfants disgraciés étaient ceux que le bon Dieu aimait le plus. Drôle de façon d'aimer, avouons ! Non ! Une simple distraction du ciel. Finaud devint gros canard. Il disparut un beau matin, happé par la casserole. Je le pleurai moins qu'on ne croirait, l'ayant vu, deux jours auparavant, gober une grenouillette.

Je crois surtout que j'enviais Finaud à cause de ses ailes. Ses ailes dont il ne savait pas se servir, le lourdaud ! Ah! Si moi...! Voler ! Voler ! Une fois ou deux, un aéroplane avait traversé notre ciel. Ça, c'était fort ! Des êtres qui n'étaient pas vissés au sol ! Une sorte de revanche pour mon espèce !

Je me concevais souvent oiseau. J'adorais tous les oiseaux, et surtout les minuscules roitelets et les rouges-gorges au plastron lumineux qui venaient voleter amicalement dans la cour, autour de papa, et dans le jardin quand il bêchait. Comme eux, j'avais de ces effronteries ! Tenez, ce bel après-midi d'hiver où, travaillant dans le grenier, Aimé vit soudain apparaître une menue tête brune à la porte. Son sang ne fit qu'un tour : C'était moi ! Moi, là ! Et forcément juchée au sommet d'une échelle de trois mètres. Moi, ce petit paquet, cette boule que rien ne pouvait retenir ! Je riais à gorge déployée. Il m'approcha précautionneusement et, dès qu'il me tint dans ses bras, me morigéna, avec sérieux. J'aurais pu tomber, me tuer, tout le monde aurait pleuré...

La leçon porta dix fois plus qu'une bonne fessée.

Quoi encore ?

J'avais rendez-vous avec Edmond sous un pommier. J'y arrive en retard. Il avait pris l'initiative de confectionner une balançoire, qu'il essaya prudemment le premier. Après quoi, il m'y saucissonna des épaules jusqu'à la taille, m'assujettissant aux cordes.

Cet envol ! J'étais aviatrice ! A chaque retour, de deux poignets, Edmond accentuait mon élan si bien que bientôt, ivre de joie, j'en étais à frôler les branches :

– Plus, plus haut ! Encore plus haut !

J'allais aller dans la lune quand, tout à coup, plus rien, le vide ! Je perdis rapidement de la hauteur. Edmond avait fui. Tout m'abandonnait. Les ficelles se desserraient. Je fermai les yeux, moribonde... Quand deux bras vigoureux... C'était maman, qu'avaient alertée mes clameurs d'enthousiasme. Elle avait attendu le moment favorable pour me saisir. Elle m'accabla de reproches. Mon camarade fut puni.

– Voyez cette petite imprudente !

Privée à jamais de la balançoire.

Le chœur des voisines renchérissait :

– Sûrement, ce n'est pas un jeu pour elle !

Cependant, je progressais en écriture au point qu'ayant, de tante Marcelle, reçu quelques *Dimanche de la Femme,* la velléité naissait en moi d'être bientôt de ces « fidèles lectrices » qui échangent une correspondance dans le « courrier ».

Chère tante Marcelle ! Ses bonnes lettres, avec mon nom et mon prénom s'étalant sur l'enveloppe ! Que le facteur me remettait avec un sourire de coin. Egalement des volumes, ce « livre de lecture », plein de belles poésies qu'elle m'engageait à apprendre afin de les lui réciter *« la prochaine fois »*.

Chapitre 10

Le *Journal d'Aunay* proclame que la guerre va bientôt finir, que la France remporte de grandes victoires. Papa est rentré depuis quelques mois. Les choses vont bien, quand, un matin à une heure inhabituelle…

C'est une dépêche, événement rare, toujours des plus impressionnants.

A peine maman l'a-t-elle décachetée, elle porte la main à sa poitrine :

– Ça, par exemple !

– Qu'est-ce qu'il y a ?

– Ta tante est morte.

– Laquelle tante ?

– Tante Marcelle.

Et maman qui fond en larmes. Elle va chercher papa aux champs. Moi, je pleure par imitation; par chagrin diffus aussi. Tante Marcelle ! Je ne la verrai plus. On m'expédie chez ma marraine, qui ne cessera de répéter :

– Le pauvre Louis ! Comment s'en tirera-t-il !

Chapitre 11

Je grandissais. Pas comme tout le monde. Rien n'était pour moi comme tout le monde. Pas question pour moi de marquer sur les murs, chaque année, des traits indiquant l'augmentation de ma taille, comme on faisait pour mon frère et ma sœur. Solitaire toujours, en dépit de la sollicitude familiale. Germaine et Aimé sont très occupés. Je les admire, elle qui devient si jolie, avec sa peau laiteuse de blonde, lui, un beau gaillard d'une force et d'une agilité ! Mon temps se passe à lire et à relire leurs livres de prix et *La Semaine de Suzette,* et quelques fascicules prêtés, puis *Les Travailleurs de la mer* dont mes lèvres tournent les pages avec un respect profond. Victor Hugo, c'est le génie devant lequel on tombe à genoux.

Et je couds, je fais de la tapisserie – une descente de lit pour Francette – tout en continuant à épier les battements de mes tempes et du temps.

Peu de visites. La venue des grandes personnes me tourne souvent en crève-cœur, car le geste instinctif des gens, maintenant que je deviens « grandette », est de tendre aimablement la main à celle qui n'a pas de mains.

Je m'ennuie tant que je compte les jours avant chaque déplacement chez ma marraine ou auprès des grands-parents. Notons que mes déambulations – sur ma chaise – s'élargissent. J'en suis à emprunter le sentier qui conduit chez les voisins. On me ramène souvent à bras... A l'aller, je me laisse choir dans l'herbe; je la respire. Je happe un fruit et mord dedans.

Un matin, j'entends Amanda :

– Vois donc sous le pommier là-bas, Emile. Prends ton fusil. Il y a un lièvre qui mange nos pommes.

Ma frayeur ! En selle, d'un « bond ». Je filai, battant mes records.

Drôle ! Mais seulement à raconter. Car j'en tremblais encore le soir.

Je jouissais d'une santé florissante, à la surprise et quasiment à la réprobation générale. J'entendais des :

– Croyez-vous ! C'est elle qui se porte bien.

– Ce serait pas elle qui serait malade !

– Elle est plus costaude que sa sœur.

(Germaine sortait d'une pneumonie dont elle restera fragile.)

J'étais presque honteuse de mon appétit, de mes joues roses.

J'avais dix ans quand se produisit un événement considérable. Pour des raisons supérieures, on s'en allait habiter à quelques kilomètres de là, le hameau de la Sébillère. Ce bouleversement inoui m'affecta relativement peu, du fait que la maison serait plus vaste, avec un étage et des chambres séparées pour les enfants. (Je coucherai auprès de ma sœur.) Et elle se trouvait contiguë à d'autres habitations. Des têtes nouvelles, des occasions de voir, d'écouter, de m'instruire.

L'institutrice de Cahagnes, qui avait refusé de me prendre à l'école, proposa quand même à mes parents de corriger les devoirs que j'entreprenais d'après le « livre ». Travailler ferme à la maison, et désormais de plus en plus seule, car ni Germaine, ni Aimé n'avaient plus grands moments pour moi. De vrai, j'étais fort en retard. On exhibait parfois mes devoirs aux visiteurs en riant de mes fautes, ce qui m'humiliait à l'extrême, moi qui roulait tant d'histoires dans ma tête, avec l'idée même d'être « écrivain ».

Grâce à cette brave institutrice, je rattrapai le temps perdu. A la distribution des prix, je fus sept fois nommée et crus m'évanouir de fierté. Un conseiller municipal vint m'embrasser dans ma poussette et me remit deux prix ! Quelle provision pour l'été !

Le catéchisme aussi. Ce fut le bon vieux curé qui se dérangea de temps en temps pour me faire réciter mes leçons. (Il lui arrivait de donner la réponse avant moi.)

Au seuil de la Première Communion, il y avait un examen à passer. J'en fus malade huit jours à l'avance. Pensez, paraître en publique, où je savais que des vilains regards... Il est vrai que ce serait là être traitée « comme les autres », ne pas être l'objet d'un passe-droit.

En pénétrant dans l'église, je frémissais blottie contre le corsage de ma sœur. L'assistance, comme je m'y attendais, n'avait d'yeux que pour moi. Quelle rancœur ! Cependant, la plupart des enfants – parmi lesquels je reconnaissais mon Edmond et mon Auguste – me souriaient plutôt, avec l'air de me dire : « Nous ne sommes pas plus rassurés que toi. »

Je fus interrogée la dernière. On m'avait avancé une chaise.

Sauf à la première question qui me fit éclater en larmes, je répondis convenablement. Je fus reçue, penaude malgré tout d'avoir pleuré... devant tout le monde.

Ah ! Si j'avais eu le contact journalier des petits camarades ! Quitte à encaisser quelques camouflets ! (Et je ne les évitais pas !...) C'est une erreur de confiner un enfant dans un cercle familial qui l'abrite des remous extérieurs. Mieux vaut l'habituer à faire face.

La retraite de trois jours me laisse un parfum de paradis. Pas de moqueries. Est-ce que les autres s'habituaient ? Quelle transformation, en tout cas ! Ils se comportèrent en petits saints venant, aux récréations dans le parc du presbytère, m'entourer et bavarder, m'initier au jeu des charades. Mon seul dépit venait de ne pouvoir – moi seule ! – m'asseoir sur le gazon, crainte de froisser ma robe, que je ne pouvais relever. Mais, en période de sacrifices !...

Le 19 juin, par un clair soleil, je fus, dès le matin, coiffée, revêtue de mousseline blanche, voilée de tulle, portée à l'église par ma sœur. Chaque enfant devait réciter séparément un acte. Moi, ce fut « l'acte à la Vierge ». Je m'en tirai avec honneur.

La grand-messe. L'instant suprême. Les yeux fermés, je priais : « Mon Dieu, protégez mes parents ! Ayez pitié de tous les enfants ! »

Chapitre 12

Ma sœur, mon frère coopérèrent aux multiples travaux qu'exigeait notre nouvelle ferme, plus « conséquente ». Ah ! Si je pouvais fournir moi-même un coup de main !

Un jour :

– Donne-moi donc un torchon. Je vais essuyer les assiettes.

Maman ne voulut pas me contrarier. Je recourus à mon « truc » pour faire basculer les assiettes; je les frottais consciencieusement. J'étais fière; je rêvais déjà d'assumer cette part du ménage. Quand je m'aperçus que maman, discrète, reprenait la pile. Je n'avais pas trouvé ma voie !

Serait-ce dans la broderie ? J'y étais, dans ma pensée, assez forte, réussissant surtout « jours X », « jours échelles », et « broderies Richelieu ». Je faisais des découpures moi-même, avec mes ciseaux à la bouche; mais cela me fatiguait vraiment, et il me fallait rattraper, des quatre et cinq fois, l'aiguille avant de piquer régulièrement, ce qui était dur pour mes yeux.

Ma détente, c'était de m'être enfin mise à cette vaste correspondance qui me tentait depuis longtemps avec quantité d'abonnées du *Dimanche de la Femme*.

Le facteur, en secouant la neige de son capuchon, dit :

– Heureusement que tout le monde n'a pas la correspondance de Denise! Sans quoi je démissionnerais.

Preuve, me soulignait papa, que j'étais la plus aimée, la plus recherchée des petites filles.

Au mois de mai 1924, j'assistai pour la première fois à un « grand mariage », celui d'une jeune fille de nos amies qui insista pour m'avoir.

Vers la fin de l'après-midi, on décida d'aller danser au chef-lieu de canton. Un cortège se forma à l'entrée de la bourgade. Papa m'avait prise dans ses bras et chantait à tue-tête.

– Chante aussi, Poupette !

J'ouvrais la bouche quand j'entendis :

– Ce n'est pas honteux, dites ?

Une autre dame :

– Voyez cet homme. Est-ce qu'il n'aurait pas dû laisser cette môme à la maison ! Quand on est comme ça, on se cache.

Je glissai à l'oreille de mon protecteur :

– Laisse, papa. Allons-nous-en.

J'ai commencé à réfléchir durant ces années de transition, qu'éclairaient seulement mes lectures et l'afflux régulier des lettres.

Quand on songe que des parents s'énervent de voir leurs enfants qui jouent, qui crient, qui font les fous ! Quand je pense

Autour d'un verre en compagnie de ma sœur et de Colette

Fascination de l'océan

que les miens – qui m'aimaient – trouvaient insupportable de ma part la moindre excentricité, la moindre tentative de délivrance ! On croit bien faire en évitant tout « dérangement », en machinant autour de lui une ambiance d'égards... apparente. On tient à agir, en toute occasion, à sa place. Et puis, qu'arrive-t-il si nous avons besoin de plusieurs choses de suite ? C'est que nous « embêtons ». On nous répond : « Attends un peu. On n'a pas qu'à te servir ». De ce fait, le donneur ne s'attire pas de gentil merci convenable. On s'aigrit réciproquement.

Chapitre 13

Deux années dans la nouvelle maison. Elle me plait décidément, avec sa parure d'églantiers que papa a planté en arrivant, et dont l'unique survivant projette, à la belle saison, vers notre croisée, sa tête suave dont s'embaume notre chambre. Je dis notre croisée, notre chambre. Cette dernière va devenir la mienne, car Germaine, qui touche à ses vingt ans, attire maints soupirants, dont l'un, quelque jour, va nous l'enlever. Elle a de jolies mains, de jolies jambes, et, la première fois qu'elle a mis des chaussures à hauts talons, quel chic ! Moi, je regarde et je contemple; je lis, j'écris et je rêvasse durant les jours interminables qui ne me paraissent pourtant pas longs. Je suis distraite. Je suis « dans la lune ».

– A quoi penses-tu ? Voilà deux fois que je te questionne. Tu ne réponds pas.

Je me reprochais ces absences. Je me disais : « Je devrais m'employer... »

Mais à quoi ?

Le dimanche, notre maison était un lieu de réunion pour la jeunesse. On jouait dans la cour en été. Je veux dire qu'ils jouaient à la balle, à la marelle, au « bouchon », saute-mouton... Mais j'en étais, et non la moins gaie, la moins excitée, qui applaudissais aux bons coups. Les jours de mauvais temps, c'était les cartes, les dominos, le jeu de dames, où je me flattais de briller, poussant mes pions au moyen d'une longue baguette maintenue à droite, et dirigée par mon « bras gauche ». Un jeune camarade pianotait à merveille sur l'accordéon. Les autres dansaient.

Puis, ce fut la dispersion fatale. Mon frère partit pour le service, lui qui déjà, depuis des mois, engagé comme garçon de ferme à plusieurs lieues de chez nous, ne reparaissait qu'en fin de semaine. Ma sœur se maria. Elle allait habiter non loin de chez nous, d'où son mari et elle reviendraient chaque dimanche, nous amenant bientôt, espérais-je, des chérubins. Si le mariage de germaine me ravit, ce ne fut pas tant à cause des festivités adjacentes qui furent sommaires. Mais une crainte m'avait assiégée. Si souvent j'avais retenu des phrases et des hochements de tête :

– Comment voulez-vous qu'elle puisse !

– Avec Denise à s'occuper.

Ça avait été une de mes hantises. Pas l'ombre de retour sur moi-même. Le mariage ne me disait rien. Mon contentement fut de voir Germaine débarrassée de moi.

Demeurée seule, je fus autorisée à arranger la chambre à mon idée. J'avais toujours tellement aspiré à un coin à moi. La vieille armoire mise en coin, l'escalier du grenier dissimulé par une jolie cretonne à volubilis, la table de toilette drapée d'un volant, la lampe de chevet coiffée d'un abat-jour de pongée, l'achat d'un fauteuil ancien et d'un guéridon-bureau, vrai, le premier jour où je couchai dans ma chambre rajeunie, j'étais une reine dans son palais.

Je lisais à tort et à travers tout ce qui me tombait sous les yeux ! Les petits journaux de mon abonnement, les publications que me prêtaient mes amies. Des livres aussi. J'avais fait la connaissance de Delly, chez qui toujours la pureté, le courage, l'honnêteté trouvent leur juste récompense, d'Henry Bordeaux, dont les romans bénéficiaient de cette mention prestigieuse : de l'Académie française, d'Emile Zola, qui me fit découvrir la vie cruelle des ouvriers dans « Germinal » et les autres... Des ouvrages sérieux ou aimables, empruntés de-ci, de-là. Toute une pâture intellectuelle qui m'emplissait sans me nourrir. Je sentais qu'il y avait autre chose et je rêvais...

Souvent, on me demandait :

– Qu'as-tu, Denise ?

J'étais impuissante à répondre. Je leur aurais fait trop mal. Je tentais d'implorer Dieu. Mais sa pitié, que me pouvait-elle ? Si je fus, un jour, proche de penser que je ferais mieux de mourir, ce fut ce soir de juin où je pleurai sur mon oreiller une partie de cette nuit pleine de lune.

Cela ne dura pas. Je suis forte, je l'écris sans vanité parce que je suis bâtie ainsi. Ayant en moi un élan vital, une confiance – absurde peut-être – en l'avenir et, le croirait-on, en mon travail, en le destin qui me ferait, un jour, gagner, « gagner beaucoup d'argent ». On s'étonnera de ce « beaucoup » ? C'est cela qui était puéril ! Eh bien ! pour venir en aide... En premier lieu, à mes parents que je voyais toujours se débattre parmi mille difficultés. La guerre les avait presque ruinés. Ils vieillissaient. La vie des paysans est ingrate. Combien finissent à l'hospice ! Et les autres, cette armée que je pressentais de blessés, de mutilés de ma sorte, pour lesquels il fallait faire quelque chose. Quand bien même mon existence devrait se dérouler sur la corde raide, eh bien, je ne dégringolerais pas, et j'entraînerais des fidèles au-dessus des ombres et des gouffres.

C'était mon salut, je l'avoue, cette force que je sentais sourdre, incœrcible, en moi si faible.

De tout temps, on le sait, j'avais cousu, brodé, dessiné tout comme j'écrivais. J'aimerais, je le redis, qu'on essaie de se représenter la peu ordinaire gymnastique que constituaient ces enchaînements.

Dans le désir qui me poignait de commencer à gagner ma vie, je me mis à chiffrer des services de toilette et de table. Rien n'était plus à la mode alors que les initiales en couleur, au « point de croix », se détachant sur les piles de linge semées de brins de lavande. Je me suis attelée aussi à des draps, mais leur toile était bien lourde, même soutenue sur deux dossiers. La maintenir durablement sur mon petit « bras » pour pouvoir compter les fils était une corvée exténuante. Je piquais toujours avec ma bouche; je poussais avec mon « bras » droit, mais sans dé, vous vous en doutez, et, les toiles étant des plus âpres, il m'arrivait de crier quand le chas pénétrait dans ma chair.

Et j'étais si peu rétribuée ! Mes pratiques jugeaient d'ordinaire qu'elles contribuaient à me distraire, et me payaient d'un air surpris cinq francs un travail qui m'avait accaparé quinze jours.

Insensiblement, je passai à la broderie sur satin, matière douce, celle-là, au toucher, légère, idéale pour moi. J'évoque certain coussin grenat que je décorai patiemment de grosses grappes de glycines mauves ombrées de leur gracieux feuillage. Mon contentement indicible en entendant cette visiteuse :

– Qui croirait que cela a pu être exécuté sans mains !

Etait-ce mon chemin véritable ? A force de relever des modèles sur les journaux de broderie et de les reproduire sur satin à l'aide de papier carbonne, j'en vins à en modifier, puis à en créer moi-même ! Pour ce Noël-là, mon parrain m'offrit une boîte d'aquarelle. Avec quelle fougue je m'en emparai ! Peindre ! Peindre ce que j'aimais le plus, c'est-à-dire la nature, les fleurs.

On sait que, depuis mon enfance, je m'évertuais à dessiner en maintenant un crayon entre mes dents. Peindre posait d'autres problèmes dont j'ai aujourd'hui tant l'habitude que j'ai peine à reconstituer mes perplexités du début. Rien que les tubes de couleurs à ouvrir pour en déverser le contenu sur la palette. Mes lèvres s'emparaient du bouchon. Mon « bras gauche » le faisait tourner avant de chavirer le tube. Les somptueuses taches que cela faisait ! Les riches nuances en les mélangeant ! Ajouter surtout qu'un pinceau, cela exige autrement de précision et de délicatesse.

Chapitre 14

Une amie m'a invitée pour les vacances à Jullouville-Plage. C'est près de Saint-Pair ; c'est à la mer que je n'ai pas revue depuis Coutainville. Un séjour exquis. La curiosité qui règne fatalement autour de moi n'a, pour une fois, rien de méprisant. De nombreux estivants viennent me visiter et « s'extasient » devant les productions de ma palette. Il ne m'en faut pas beaucoup pour m'en croire ? J'ai quinze ans.

Un jour, une dame :

– Mais pourquoi ne verriez-vous pas un orthopédiste ?

Ce mot m'est presque étranger.

– J'en connais un à Paris qui a refait deux jambes superbes à une jeune femme accidentée.

Je ne peux y croire. La dame insiste. Et mon entourage, à son tour :

– Il faudrait au moins se renseigner.

Ce spécialiste m'est donné comme homme de valeur et de cœur. Peut-être mon cas l'intéresserait-il.

Marcher ! On s'étonnera peut-être que personne n'ait jusqu'alors émis pour moi l'idée d'un appareil. Il faut dire que nous habitions un trou, que nous jugions mon infortune sans remède. Et le coût de tout cela sans doute ! Marcher, mon Dieu ! Les paroles de cette dame ont fait monter dans ma cervelle une sorte de délire, d'espoir. N'être plus figée sur place, n'être plus un papillon cloué, exempter mon entourage de corvées sordides dont l'une surtout !

Je ne pensais plus qu'à ça. Je n'en parlais cependant qu'à peine, roulant ce songe en mon âme. De retour chez nous, maman :

– Mais, ma pauvre chérie, ils sont fous !

Papa :

– Il faudrait un miracle.

Mais je m'accrochai ; je renouvelai jour après jour mes raisonnements et ma supplique. Un beau soir, on écrivit.

L'orthopédiste répondit que le cas était nouveau pour lui, qu'il allait faire le déplacement.

Lorsque sa voiture freina devant la porte, j'étais blême. Survenait l'arbitre de mon sort. Dès que je fus présentée, il eut un sourire détendu :

– Voilà un petit visage qui reflète la volonté.

Avec une enfant comme la vôtre, madame, on peut tout entreprendre.

Ses palpations furent consciencieuses et minutieuses. Evidemment, ce serait difficile. Songez, un moignon unique pour les deux membres inférieures, pas trace d'articulation à droite. Et surtout, absence de mains. Il conviendrait donc de m'adapter des manières de béquilles soutenant mes petits « bras ». D'ailleurs, l'homme apparaissait volontaire, énergique, tenace. Il repartit, me laissant toute frémissante.

Les choses allaient se précipiter.

Peu de jours plus tard, Germaine me conduisait à Paris où je devais séjourner chez des amis. Ce voyage s'entourait d'un certain halo de mystère.

– Est-ce que je vais revoir l'orthopédiste ?

On se contentait de hocher la tête.

Le soir même de notre arrivée (j'étais étourdie du train), voilà que notre hôtesse m'annonce :

– Ça y est, Denise. J'ai ton bulletin d'entrée, regarde, à Boucicaut.

– Quoi ?

Elle avait fait les démarches afin que l'hôpital me recueille pour le temps que durerait la mise au point de mes « jambes ».

Il n'y avait qu'à dire merci. Mais la perspective d'être livrée totalement entre des mains étrangères me liquéfiait littéralement.

Le lendemain, au pavillon C, dont la bonne Mère Supérieure descendit les marches à ma rencontre comme pour une pensionnaire de marque, mon cœur battait la chamade; mais je me refusais à pleurer. Pas toujours comme une sotte, voyons !

– Retenons-nous, prêchais-je à Germaine, aussi proche que moi de se transformer en fontaine.

– Mon petit loup, me fit la Mère, nous allons te gâter tellement que c'est en nous quittant que tu pleureras.

Durant ce stage de deux mois à Boucicaut, je partageais une petite chambre claire avec diverses opérées qui s'y succédèrent. Tout le monde, dans ce cadre qui m'effrayait tant d'avance, fut délicieux à mon endroit, à commencer par les infirmières et les religieuses assistantes. J'étais choyée et dorlotée, pomponnée comme une poupée. En échange des miennes propres, je réclamais des confidences. On m'en faisait, si bien qu'on repartait, parfois, visiblement le cœur plus léger. La supérieure me ménageait des attentions gastronomiques, et me rendait des visites-éclair où, en me pressant dans ses bras :

Mon petit loup…

(C'était son mot).

– Comme on a plaisir à te voir sourire, toi ! Alors que les autres ne cessent de grogner.

Faisaient aussi des apparitions certaines personnes de notre connaissance : la jeune fille aux doigts manquants, que j'amenai presque à reconnaître qu'elle avait de la chance, des blessés des salles voisines, qui m'apportaient des volumes, des journaux, des bonbons, et « s'épaminondaient » sur la façon dont je m'y prenais non seulement pour écrire, mais pour peindre. Je décorai des cartes postales que je vendis à la ronde. (Je n'abandonnai jamais mon ambition de « m'enrichir ».) Une assistante obtint l'autorisation de m'emmener dans sa petite Citroën pour me faire visiter Paris, Notre-Dame, les Champs-Elysées, l'Arc de Triomphe. Nous poussâmes jusqu'à Versailles. Toutes ces splendeurs existaient ! La France était un conte de fées !

Une ou deux fois par semaine, M. Olitrau (l'orthopédiste) venait me chercher pour un « essayage ». Il me présentait mes « jambes », qui prenaient peu à peu tournure. Je les revêtais en pensée de chaussures fines et de bas de soie – que je n'ai jamais possédés.

Je me rendais bien compte, avec un curieux mélange de confusion et d'orgueil, que j'étais l'attraction de l'endroit. Le professeur en personne surgissait de loin en loin et me tapotait la joue :

– Toi, tu t'en sortiras toujours.

Des externes. Un grand interne, si beau, que m'a évoqué plus tard ce pauvre Roland Alexandre dans le Grand Patron, et dont les filles ne pouvaient manquer d'être amoureuses. Il se montra tout de suite fraternel, quasi paternel (à 25 ans). Ce fut à lui le premier que je risquai une question qui s'était depuis belle lurette figée au fond de ma gorge :

– Pourquoi est-ce que je suis... comme ça ?

Oh ! Je m'en doutais. Il me parla en toute sincérité de l'alcoolisme. Une des trois têtes de l'Hydre qui ravage notre pays, notre Normandie, surtout. On y boit trop.

– Boit-on chez toi ?

– Un peu. Comme tout le monde. Pendant la moisson.

– Combien ?

– Six, sept litres de cidre, les hommes.

– Et le Calva ?

– Ah ! ça, tout le temps.

Il me parla des « bouilleurs de cru », terme qui ne me disait rien. Or, nous en étions !

– Tu ne vois pas d'alcoolique dans ta famille ?

Je laissai entendre... Je croyais savoir que mon grand-père paternel... Ah ! Pas un poivrot ! Mais enfin, à ce qu'il paraît, c'était son péché mignon... D'ailleurs, il avait une excuse : son métier était de courir les fermes, comme garçon meunier.

– Tu l'as connu ?

– Il est mort jeune.

– Jeune, tu vois. D'ailleurs, ne l'accusons pas. Il arrive que ça saute plusieurs générations. C'est tombé sur toi, ma pauvre petite.

Il ajoutait :

– Dans ta province, le nombre de malformations, tu ne te doutes pas, de mains atrophiées...

– C'est vrai.

– Des pieds bots. Plus souvent encore, des déficiences cérébrales. Des gâteux précoces, des idiots.

– J'aime encore mieux être comme je suis.
– Car tu n'es pas idiote, chérie !
(Il m'avait appelée chérie).
De cet entretien il résultait qu'on ne devait en vouloir à personne, pas plus aux hommes qu'à Dieu, ce que j'avais toujours pensé.
Vinrent les suprêmes essayages. Bien sanglée dans mon appareil, bien soutenue par l'orthopédiste et par son assistant, j'esquissai mes premiers pas. Qu'ils furent ardus ! Me faisaient défaut tous les muscles locomoteurs. Je me persuadai que « ça viendrait ». Des modifications furent apportées, que je craignais inopérantes. Tant pis ! Il fallait ! Un pas, deux, trois... Ne pas m'effondrer ! On me rattrapait de justesse. Courage ! Encore ! Marche ! Marche ! Au bout de... quinze jours, j'écrivis chez moi qu'on vint me chercher.
Mon frère avait été naguère infirmier au Val-de-Grâce. Cela le qualifiait. Il connaissait les appareils orthopédiques. Le mien, pourtant, le sidéra. Il assista à mon ultime « entraînement ». Sans mot dire, il se fit remettre le fort paquet bien enveloppé qui contenait mes « jambes » et béquilles.
– C'est pratique, me fit-il, d'une pauvre voix, d'être une fille démontable.
A mon retour au village, ce fut une révolution :
– Vous savez, Denise a des jambes !
– Elle va venir nous voir... à pied ?
– A bicyclette peut-être bien.
Chaque jour, après le déjeuner, je m'astreignais à une séance. Maman, aidée d'Aimé, m'ajustait mon appareil :
– Vas-y, mon petit.
Les béquilles m'étaient précieuses. Au bout d'une semaine, j'arrivai à marcher seule, requérant pourtant toujours une présence à mes côtés. Après une quinzaine, je faisais – accompagnée – près de cent mètres sur la route. Pas trop de fatigue. L'ennuyeux, c'est qu'en regagnant la maison, j'étais obligée de rester debout pendant des heures appuyée du dos contre le mur, attendant le retour d'un des hommes, car maman ne pouvait à elle seule ni m'asseoir ni me sortir de ma carapace.

Depuis quelques jours, j'éprouvais une souffrance à l'aisselle droite. Une nuit, cela devint une torture. Il se formait un gros abcès qui essaima bientôt des furoncles. Le médecin vint :

– Mais comme tu es maigre !

J'avais perdu trois kilos.

J'avais abusé... j'aurais dû me servir de mon appareil qu'à petites doses. Les stations le long du mur m'avaient fait du mal. Il aurait d'ailleurs fallu que je retourne chez l'orthopédiste pour un rajustage. C'était trop coûteux. M. Olitrau, à lire ses lettres entre les lignes, se désintéressait quelque peu de moi, dont il n'espérait plus tirer une publicité suffisante. Je m'obstinai. Après un délai, je me fis remettre mes « jambes ». La prothèse n'était pas adéquate. Elles « tournaient » en marchant. Elles « blessaient »; des furoncles reparurent, à mes moignons cette fois; et l'ensemble s'avérait si raide que je ne pouvais envisager de monter seulement en voiture.

Désespoir ! J'avais tant cru secouer ma chaîne, m'élancer dans la vie. Je crois aussi – sans qu'on me l'ai dit – que ce qui me manquait, c'étaient des bras créant le contrepoids d'un balancier. Des bras, des mains artificiels, il n'en fut jamais question pour moi. Leur prix ! Les problèmes qu'eut posé cette mise au point supplémentaire. J'ajoute que je les ai moins convoitées. Il me paraissait avec justesse que j'arrivais à compenser passablement leur absence par les gymnastiques et techniques qui me permettaient tant de gestes. Au lieu que des jambes ! Mes « jambes » ! Celles-là, qui m'avaient servi ! Je les ai conservées longtemps inertes, stériles, accotées à une cloison de ma chambrette, mortes comme au fond j'étais morte.

Puis un jour, dans un élan de rancœur qui ne me ressemble guère, je les ai fait enlever. Je ne les ai plus jamais revues qu'en songe.

Chapitre 15

Dirai-je que le problème de l'amour ne s'était pas posé pour moi ? Non et si. L'amour physique ?

On était chez nous d'une pudeur ! Je n'ai jamais entrevu la nudité d'aucun des miens. A mon âge presque canonique, j'ai encore été récemment plus que choquée des habitudes courantes dans cette famille chez laquelle j'ai passé quelques jours, et où la maman, la fillette et le garçon de treize ans hantaient ensemble la salle de bains. Je n'étais pourtant pas plus bête que nature. La nature, oui. J'avais vu, toute gamine, des bébés sexués et le manège amoureux des volailles dans la cour.

Mais comme j'étais tendre, je l'ai dit ! Sentimentale. Amoureuse dans le sens idéaliste du terme. Mes chères héroïnes familières de Delly et d'Henry Bordeaux éprouvaient de grandes passions, mais sublimement éthérées, que je partageais de toute mon âme.

De l'amour tel que je le conçois comme un prodigieux élan qui porte à vouloir se fondre de mystérieuse façon dans son conjoint, j'ai le respect, le culte, l'amour. Ses sujétions réalistes, organiques, me dépassent. Ma pensée ne s'y arrête pas. (Comment peut-on être si naïve !)

J'ai seize ans. J'assiste au mariage de ma sœur sans émotion vitale. Moi, ça ne m'arrivera jamais. Je mènerai une vie à part. On le ressasse assez haut devant moi à toute occasion : « Ce n'est pas pour Denise ! Denise ne pourra pas... ». Autant de brefs coups de poignard qui, à la fin, ont tant meurtri la chair de mon âme, qu'ils en ont comme neutralisé la surface. Je n'en souffre presque plus.

Donc, j'ai seize ans. On est le 13 mai. C'est l'année 1926. C'est le jour de la fête communale, grande date où règne la liesse sur des lieues carrées de hameaux, où, dès le matin, la modeste fanfare de Cahagne se renforce de « musiques » venues de diverses bourgades d'alentour.

Il fait beau. Le printemps au Bocage. La maisonnée que, ce dimanche, ont rejointe le ménage de Germaine et le solide gars qu'est Aimé, ne veut pas rater l'occasion de distraire Denise. Déjà, on m'a courageusement emmenée le matin, en poussette, à la messe. L'après-midi, par bienveillance :

– Tu ne vas pas manquer le « pain bénit ».

Le « pain bénit » a lieu après les vêpres. Le voilà distribué. La famille s'en va flâner par le village et me plante dans le grand café où, tout à l'heure, la jeunesse va se rassembler devant des bocks et des orangeades.

– On viendra te reprendre.

– Entendu.

De ce coin de table, je hume des effluves de l'extérieur et dévisage avec curiosité les premiers assis ou entrants.

Un beau jeune homme que je ne connais pas. Grand, blond, yeux bleus, le type même des héros de mes romans. Il erre un instant dans la salle.

Le patron :

– Venez donc vous asseoir là, auprès de Mlle Denise. Vous lui tiendrez compagnie.

– Vous permettez, Mademoiselle ?

Je permets. Intimidée autant que lui. Nous sommes seuls. Il a dû s'apercevoir que je suis privée de bras. Ça crève les yeux. Il ne marque pas la suffocation habituelle. Il me dit une chose insignifiante. Je réponds de même. Les autres tardent. La conversation s'engage, s'anime. Il paraît curieux de moi. Je lui souris. Je suis à l'aise. Il se détend peu à peu. Rit à son tour. Un joli rire. Au bout d'un quart d'heure, lui l'hésitant et moi la craintive, nous sommes de vieux camarades.

Que dire ? Les amis sont revenus, se sont pressés autour de la grande table, sans s'interposer entre nous qui ne nous lâchions pas des yeux. Ni du cœur : du cœur déjà. J'ai vécu là une heure magique. J'oubliais tout. Lui aussi, je pense. Nous bavardions comme des pies. Il est commis quincailler dans un village, à deux lieues. Il fait partie de sa fanfare. C'est avec elle qu'il est venu. Il a vingt-quatre ans. Il est beau. Il aime à peu près tout ce que j'aime. Il lit peu… mais s'y mettra, puisque je lui en donne le conseil. Nous buvons de la bière, qui jamais ne m'a paru si délectable. Il refuse le calva. Qui commence à circuler. Pas de vices ! Toutes les vertus. En premier lieu celle d'être un jeune homme qui s'intéresse à Denise. Nos âges concordent. Visiblement, je lui plais. Je suis très jolie. Je ne lui ai pas caché mon malheur, mais j'en ris de telle façon qu'on pourrait le prendre à la légère. Moi-même, pour la première fois, ne me sens pas annihilée. Je suis fiançable. Je suis quelqu'un. Il s'appelle André. Il est bon catholique; pas trop dévot. Il communie juste à Pâques. Il aimerait voyager. Et moi donc ! Nous nous dévorons des prunelles. Je perçois l'arôme de son souffle. Un fluide, je ne sais lequel, nous baigne et nous lie. Nous avons l'impression que nous ne devons plus nous quitter, que notre âge s'écoulera ensemble. Il dit, de sa voix bien timbrée : « Je m'occuperai de vous. » Moi, que ferai-je ? Je saurai embellir ses jours.

C'est le moment de se séparer. Quoi ? Il n'y a qu'une heure et quart !

– Quand se revoit-on ?

– Bientôt.

– Viendrez-vous au feu d'artifice ?

Je demanderai... J'espère... Oui, sûrement.

L'heure du dîner – chez la mère d'une camarade – s'écoule comme un rêve. Je suis égarée; je suis sortie de moi.

– Denise pense à André, ironise ma compagne.

– Mais non.

Et je fais ma grande coquette.

Nous voilà au feu d'artifice. Il doit me chercher dans la foule, dans les cent groupes dispersés en un champ où j'ai un instant la crainte qu'il ne nous découvre pas. Mais non. Ce fil qui nous joint !

– Bonsoir, Mademoiselle Denise. Pas fatiguée ?

– Pas du tout.

– C'est une belle soirée.

Il est resté, s'est assis à côté de ma poussette. Nous parlons peu, nous communions dans l'admiration des fusées qui se tordent comme des serpents, des girandoles qui s'instaurent en monument avant d'exploser en ruine de joie. On ne dit rien. On contemple. Et on se contemple, consciences confondues, si près l'un de l'autre dans la soif d'éternité qui nous consume.

De plus en plus beau ! Splendide ! Les étoiles sur le fond d'améthyste, qui palpitent en se disant qu'elles, un instant éclipsées, sont cependant les seules éternelles. L'une d'elle est la mienne, que je lui désigne. Le bouquet approche. C'est le moment où les amoureux se prendraient la main. Je n'en ai pas. Tendrement, la sienne se pose sur mon épaule. Mon Dieu, que la vie est suave, et le bonheur facile !

Il nous raccompagne vers le bal, où nous retrouvons la famille. A l'instant où je gagne la terrasse, je commence à me rendre compte – rien qu'en apercevant cette ombre sur le visage de maman.

D'une voix que je voudrais allègre, je le présente à mon père. André, d'un ton mal assuré :

– Est-ce que je pourrai écrire à mademoiselle Denise ?

Ma mère intervient :

– Mais oui, ça la distraira, Denise. Elle reçoit beaucoup de lettres.

– Au revoir, mademoiselle Denise.

– Au revoir, monsieur André.

Les parents nous regardent sans chaleur.

Quelle nuit j'ai passée ! A peine dans ma chambre de solitaire, le rêve a achevé de se briser. La fantasmagorie dans laquelle j'évoluais depuis quelques heures a fait place à... Mais tu es folle, folle! On te l'a assez répété que, pour toi, « ce n'était pas pareil »... Ce garçon si beau... Un mariage ? Impossible. Pas question. Lui aussi aura été victime d'un mirage de printemps. Je pleure. Pas de sanglots. L'écoulement d'une détresse de fond un moment comprimée par barrage... Maintenant, celui-ci a cédé. Et l'inondation ravage tout. Je pleure sans paroles, comme un bébé, comme une bête, tout bas, à cause de mes parents.

Et quand ma raison reprend le dessus, c'est encore pis. Elle bute contre les infranchissables parois. J'ai paru lui plaire. Malheur ! Il ne s'est pas *représenté !* Lui être à charge ! Incapable de remplir ma mission de ménagère, d'être l'égale de ma mère, de ma sœur – qui font leur métier. Un fardeau ! Moi qui n'aspirais qu'à alléger mon entourage... Mais si je gagnais de l'argent ? Si je devenais riche, ma marotte ? Mais elle est absurde comme tout le reste. Je fais des petits travaux de broderie, de décoration, de peinture ? On me les confie par pitié. On est surpris que je pense à les monnayer. A charge ! A charge ! Justement, si j'aime ce garçon, il m'est interdit de lui imposer ce faix, de m'atteler à lui qui est bâti pour une franche course de vie. Denise, reste dans ta coquille ! Tu y étais faite. Tu savais bien que « pour toi, ça ne pouvait être pareil » ! Denise, maudite petite Denise! Et pourtant, je suis saine, je me sens de la vitalité, un ventre, des organes. Des petits enfants ! De nouveau, mes larmes, de douces larmes atroces. Ma sœur Germaine n'a pas pu jusqu'ici... Mais moi, j'en aurais, j'en suis sûre... Ils sortiraient de moi. Et de lui. De nous deux confondus en un être. Ils seraient notre fruit et notre image. Ils nous perpétueraient sur terre. Mes petits...

Non ! N'insiste pas ! Mes petits... que je ne pourrais que voir, de derrière les barreaux de ma prison ! Que je ne pourrais pas bercer, pas pouponner... Dont je ne serais pas toute la maman !

Les parents ne m'ont reparlé de rien. Ils me respectaient dans mon abîme. Avec leur délicatesse, leur bonté fruste, les jours d'après, ils se sont davantage occupés de moi. Papa, en revenant des champs, venait m'embrasser :

– Ça va ? Tu es bien ? Je t'apporte un livre. C'est du patron. Il m'a dit que tu le trouverais intéressant.

– Merci, papa.

Maman, qui a horreur des dames, m'a proposé une partie. Elle connaît à peine les règles. Elle commet des fautes grossières :

– Ce n'est pas un jeu pour moi.

– Mais si ! Tu as des dispositions.

J'avais projeté d'écrire une « belle lettre » à André. J'en avais fait le brouillon. Je l'avais même recopiée. Et puis, je m'étais dit (était-ce par lâcheté, par sagesse… ou avec une bête espérance ?) : « Attendons qu'il m'écrive lui-même ». Ce qu'il n'a fait qu'au bout de quatre jours. Sous forme d'une carte postale banale : *Souvenir de notre rencontre.*

Alors, j'ai repris ma lettre. Je l'ai modifiée, raccourcie. Demeurant très gentille et douce. Mais explicite. Ferme, correcte. Lui disant que le 13 mai était pour moi « un souvenir… » J'ai hésité avant de mettre l'adjectif… *« Merveilleux »*, c'était trop fort. *« Béni »*…? Je n'étais pas bénie. Et je lui demandais seulement de ne pas revenir.

Je puis le dire, c'est de ce jour que j'ai pris la résolution : *jamais !*

Chapitre 16

Ainsi s'ouvrait ma jeunesse. Dans la steppe des mois qui suivirent, je ne fus pas loin, malgré ma force, de juger ce désert intraversable. (J'avais repris mes travaux de broderie et de décoration, sans le moindre goût.) Quand, de par cette loi de compensation qui préside aux existences, un réconfort, non seulement inespéré mais impensable, m'advint.

Le raclement des freins de cette voiture, écho de celui de M. Olitrau, cette voix inconnue qui demande si on peut voir Mlle Denise… :

– Mademoiselle, je viens vous installer un poste de T.S.F.

– Mais… nous n'avons rien demandé.

– C'est un cadeau.

– Un cadeau ?

– Oui, mademoiselle. Votre nom nous a été fourni sur la recommandation du R.P. Lhande.

Notre stupeur.

– Vous savez que le R.P. Lhande fait un sermon chaque dimanche à Radio-Paris.

– Alors ?
– Cela suscite des donations.
Mais pourquoi moi ? Cela doit venir de la Préfecture, ou plutôt de la municipalité où je suis couchée sur un registre, grâce auquel je perçois mensuellement 25 francs « d'invalidité ».
– Mademoiselle, où dois-je le poser ?
Ma mère n'y tenant pas tant, on se décide pour ma chambre. « L'envoyé spécial » l'installe sur cette table, y pique son antenne. Un bouton qu'il tourne. D'abord, des borborygmes à faire fuir. Ensuite. Une chanson de rien du tout… qui me fait l'effet d'un *Te Deum*.
Dire qu'il y a des génies de la science qui ont travaillé des lustres et profité des découvertes des savants les précédant pour inventer de tels appareils ! Des usines où cette boîte magique a été fabriquée ! Que de bienfaiteurs de l'humanité ! Comment peut-on dire du mal de la civilisation ? Et aussi, l'air peuplé de ces myriades de sons silencieux qui ne réclament que de s'épanouir. De s'épanouir pour venir réjouir l'oreille et l'esprit des souffrants perdus dans la campagne. Et se peut-il qu'il existe des apôtres comme ce R.P. Lhande qui consacrent leur temps, leur foi, leur amour à mon bénéfice à moi, brimborion qui sèche au lointain !
De nouveau, mon existence était changée. Je franchissais encore une marche. La T.S.F. Je fus longtemps la seule privilégiée du village. On rappliquait pour écouter ce que dévidait le meuble extraordinaire.
Plus d'une fois, j'eusse préféré être seule. Mais je cédais naturellement. Sources de comique, à l'occasion. Un jour que j'écoutais le récital de cette grande cantatrice, une ouvrière entre chez moi sur la pointe des pieds, et va s'asseoir respectueusement en relevant son tablier sale.
Comme la voix se fait exagérément aiguë :
– Règle le poste, me crie maman. Elle nous casse les oreilles.
Notre pauvre femme pâle d'émotion :
– Madame, Madame, ne dites pas ça ! Elle va se fâcher.

Nous rions :
Mais elle n'est pas dans la pièce.
En vain, nous lui expliquons. Et son raisonnement est logique : « Du moment que nous l'entendons, pas de raison qu'elle ne nous entende pas ».
La T.S.F. ! Elle a été ma compagne, mon secours. Je lui dois le fond de peu de culture que je me serai assimilée. J'en prenais tout, ou presque tout : la politique mondiale, les conférences, les livres. Tous ces noms d'auteurs nouveaux que je brûlais de connaître, encore que je les soupçonnasse interdits. Le théâtre, où j'étais présente, en avance sur les spectateurs des tournées de Caen. La musique surtout ! La musique. Toute musique me transportait.
Et, par-dessus tout, alors, la vraie musique, celle-là dont je n'avais auparavant la moindre idée. L'orchestre, l'orgue, les voix de soprani… La vie et les amours d'une femme de R. Schumann, qu'a donné un jour une chanteuse au nom étranger. Quel roman en si peu de strophes !
Les causeries si intéressantes de Mme Dussane, ou les Concerts Lamoureux pour des chansonnettes dont, à présent, je commençais à percevoir l'inanité artistique. C'est curieux comme j'avais le sentiment d'être née parmi des êtres peu accordés avec moi.

Chapitre 17

Si je repense à mes vingt premières années, il me paraît (qu'ils en soient bénis !) que la délicatesse de mes parents, sous leur apparence détachée, m'avait servi de paravent contre les sarcasmes et méchancetés, avoués ou inconscients.
Je me représentais vaguement qu'au contact de la vraie vie, du « combat pour l'existence » – comme disait ce journal – la lutte serait cruelle…
Mes tentatives, dès cette époque, pour « m'en sortir »…
Un encouragement me venait, chaque dimanche, du sermon du R.P. Lhande signalant des cas pathétiques, nous inci-

tant, avec son autorité et de sa belle voix grave, à avoir de l'énergie, cette ressource qu'on ne trouve peut-être qu'en soi. La mienne, que j'attribuais d'ailleurs à la bienveillance céleste, se concentrait de plus en plus sur la peinture.

Pour que la simple vision des fleurs me transportât à ce point, il fallait qu'entre elle et moi, il y eût une sorte d'échange. Les entretenir en vie, faire chanter à jamais sur une toile leurs nuances. Je ressentais qu'il ne s'agissait pas tant de reproduire que de traduire. Communiquer, là encore. Fréquemment, je déplaçais ma chaise pour juger avec quelque recul. Me rapprocher, reprendre, parfaire... et, quand cela devenait trop léché, effacer, déchirer, jeter. Ah! si j'avais eu des conseils, et non des appréciations de complaisances et d'incompétence ! Toujours, une voix intérieure me murmurait : « Continue. Tu as un don. »

Un de nos amis, un ébéniste de Caen, qui bavarde avec mes parents, jette un regard sur cette aquarelle accrochée au mur :

– Qui a fait cela ?

– Mais... c'est Denise.

Il me dévisage :

– Ça alors ! Moi, je ne m'y connais pas; mais j'aimerais montrer... Elle a d'autres choses, votre fille ?

– Des tas : des dessins, des peintures.

Quelques semaines s'écoulent. Une lettre arrive. Le président de l'Exposition artisanale de Caen me fait parvenir un imprimé que je suis priée de remplir. Mes « œuvres » l'intéressent beaucoup. Il m'engage à lui en adresser un choix.

Je sélectionne un coussin de satin noir décoré d'une branche de pommier, un autre de deux cyclamens, un foulard à coquelicots; en plus des pochettes et aquarelles.

Le samedi de l'inauguration, télégramme du président : J'ai un « grand prix » (lisez une médaille d'argent), les félicitations du jury.

Besoin présence. Venir suite.

– Maman, tu es sûre que c'est pour moi ? On ne se serait pas trompé ?

Le lendemain même, les voisins prêtent leur voiture dans laquelle mon frère m'emmène. C'est autre chose que la modeste distribution des prix de l'école, cette apparition du Préfet et des personnalités dans l'énorme salle où, tête bourdonnante, la gorge coupée par l'émotion, je suis installée près de mon stand. Le Préfet m'adresse la parole. Je distingue quelques mots :

« ... volonté... Désir de vivre de son travail... Jeune talent... Toujours elle continuera à vaincre grâce à son courage... »

Les organisateurs me consultent : ne pourrais-je rester à pied d'œuvre pendant la durée de l'exposition ?

Notre ami, l'ébéniste, m'invite à rester chez lui pour ces quinze jours. C'est le début de ma vie active. Je suis choyée au maximum. Les employés de la fabrique m'accompagnent le matin; ils viennent me rechercher le soir. Une publicité discrète environne ma présentation. Souvent, je joue la curiosité pure :

– C'est un accident, sans doute ? On vous a coupé les bras et les jambes ?

La plupart :

– Comment faites-vous pour vous habiller ? Pour vous coiffer ? Pour faire votre toilette ?

Certains me témoignent, je crois, une sympathie sincère. C'est assez pour que je néglige les autres. Bonté divine, serais-je lancée ? Cette visite du directeur des Nouvelles Galeries : n'accepterais-je pas d'exposer dans son magasin pour la période de Noël ? Il a, chaque année, une attraction; il pense que je ferais merveille en présentant mes travaux et que j'en vendrais pas mal.

Qu'en dit la famille ? Elle consent, sans emballement. Mais moi, l'idée de gagner de l'argent ! Mes amis veulent bien continuer à me coucher. Le résultat sera inespéré : beaucoup de succès, des ventes en masse, tout le personnel des Galeries aux petits soins pour moi, mon bureau discrètement fleuri chaque matin. Ce seront cinq semaines sans pareilles, au sortir desquelles se précise l'idée de la petite boutique dont j'ai rêvé de tout temps.

Mais… quand je reviens à la maison !

Serait-ce méfiance, jalousie ? Mais non; pas l'ombre de vilains sentiments dans ce foyer où j'ai grandi, enveloppée de tant d'affection. Rien que – je l'éprouve au premier soir – une sorte de protestation bourgeoise, conformiste.

Même mon père que j'avais toujours jugé compréhensif :

– Alors un magasin maintenant ?

– Une librairie, une papeterie, où je puisse exposer aussi.

– Tu as de l'argent ?

– Un peu.

– Nous pas. Pas assez pour t'aider. Il te faudrait une mise de fonds. Et, as-tu pensé que tu auras besoin d'une domestique à demeure ?

– … C'est vrai.

– Et que cela va chercher… !

La question de gros sous. Pour moi comme pour tous, elle s'imposait; elle obturait mon avenir. Moi qui, ingénument, organisais déjà ma carrière : dans mes minutes de liberté, je m'occuperai de personnes avec un handicap, je faciliterai leurs démarches, je les grouperai pour essayer de leur faire franchir tel cap. Quand je me laissais exhaler de ces imaginations chimériques, cette fois, ce n'étaient plus des objections, mais des sourires indulgents que moi, je jugeais injurieux.

Chapitre 18

Avec cela, j'ai vingt ans. Je ne suis plus une petite fille. En cousant et en décorant, je gagne à peu près mon entretien; mais c'est si loin de mes ambitions que je m'ennuie à périr.

Mais tiens ! Le directeur des Galeries de Caen débarque chez nous. Que vient-il faire ? Nous sommes en mars 1931.

– Je pense souvent à vous, me fait-il. Et je me dis qu'avec votre habileté en tant de choses, vous intéresseriez peut-être un directeur de cirque de mes amis.

– Que pourrais-je faire dans un cirque ?

– Je ne me rends pas tout à fait compte. Je voudrais seulement que vous le voyiez.

Qu'en disent les parents? Ils ne se rebellent pas d'office. Le directeur leur inspire confiance. Mais le cafard qui me ronge les alarme.

Deux jours après, « l'ami » venait. Ventru et important à souhait.

– Très intéressante, cette jeune fille! Très! Mais elle n'est pas pour moi. Moi, sur ma piste, j'ai besoin de numéros spectaculaires. Mais je connais quelqu'un qui...

Le quelqu'un surgit dès le lendemain. Maigre, lui, desséché, mais l'air brave. Il paraît tout de suite séduit. Il possède une très jolie salle, démontable parce qu'il voyage. Il verrait très bien qu'on y installe une petite scène garnie de velours:

– Rouge, puisque vous êtes brune. Ce sont les couleurs complémentaires. On vous présentera entourée de vos tableaux. Vous les vendrez. Je pense que vous gagnerez beaucoup. Et, en plus, je vous ferai 5% sur les entrées.

A mes parents de réfléchir.

– Notez que nous vivons en famille. J'ai une femme, deux enfants mariés. Vous serez comme une petite reine. Mieux, l'enfant de la maison.

– C'est qu'ici, on tient à elle, dit maman, des larmes dans la voix.

– Comme je vous comprends, madame! Je suis père, moi aussi. Notre intérêt sera de la rendre heureuse afin qu'elle reste le plus longtemps possible.

– Maman, tu ne crois pas que je pourrais essayer pendant quelques mois?

Le monsieur secoue la main:

– Ah! non! Si nous faisons un contrat... Pensez aux frais que l'installation de mademoiselle va m'occasionner. D'autre part, il me faut retenir des emplacements dans les villes des mois et des mois à l'avance.

– Alors?

– Un an minimum.

– Je crois qu'il faut signer, papa.

Ce qui fut fait vingt-quatre heures plus tard. Je m'étais jetée à l'eau. Maintenant, on ne sait quel repentir... Papa le sentit :
– Ma petite fille, c'est toi qui l'auras voulu.
Maman :
– C'est bien toi. Tu n'auras jamais de reproches à nous adresser.

Je débutais dans un mois. Un mois pour que la couturière me prépare mon trousseau et quelques robes : une blanche en tulle et satin, une rouge, et une vert pâle. Mon enthousiasme était tombé. J'étais la victime qu'on pare pour le sacrifice. C'était idiot, puisque le sort m'offrait enfin ce que j'avais désiré.

Le jour est arrivé. Aimé vient me prendre pour me conduire à Caen jusqu'où maman m'accompagne. Je brusque les adieux à papa. Pas de sensiblerie, Denise !

A Caen, c'étaient le fils du directeur et sa femme qui m'attendaient. Lui, trente ans, élégant, bellâtre; elle, un peu plus âgée que lui, maquillée, un regard trop chaud qui m'inspire immédiatement une nuance de défiance. Pourtant, quelles démonstrations de leur part !
– C'est vous ! Voilà cette chère petite ! On nous avait bien prévenus, qu'elle était ravissante !
Si j'avais pu faire marche arrière ! Mais le dédit était de dix mille francs. Un dernier baiser (on me pressait) à mon frère et à maman.
– On vous la ramènera bientôt, en vacances. Mais oui ?
Moi, je me sentais livrée aux loups.

Ces gens faisaient des efforts, c'était évident, pour m'amadouer. La femme surtout. Elle se retournait souvent vers moi. Elle me cajolait du regard :
– On vous fera faire de jolies robes.
A un moment, elle hasarda :
– Je ne vous suis pas antipathique ?
On déjeuna en route, dans un restaurant select. Un menu soigné et abondant, auquel je touchai à peine. En vain je me

raisonnais: après tout, papa l'avait dit, c'est bien moi qui l'avais voulu... C'était l'échappée idéale... Mais...

Qu'est-ce qui m'attend? Ce contrat, qu'y a-t-il dessous? Bah! Ma libération. Du travail. Des perspectives d'argent. Il ne faut pas me laisser aller... Hélàs, mais ma petite chambre rose, cette coque faite pour moi, pauvre oiselet qui la déserte, démuni d'ailes. Papa, maman, je vous vois... Vous pensez à moi, vous aussi... Je viens de vous envoyer une carte. Est-ce que je ne vis pas un cauchemar?

– Plus que dix kilomètres, fit le fils.

Comme nous traversions les faubourgs du Tréport, la femme, à un carrefour, me jeta:

– Voyez ces grandes affiches, les noires et jaunes. Ce sont les vôtres.

On débouchait sur une place. Je humais la senteur du port. Un enchevêtrement de camions, de voitures, de remorques placés dans tous les sens. Des baraques en montage, des masses d'enfants et de badauds bourlinguant et bavardant parmi cette marée de matériel. Le chauffeur, qui s'était par miracle frayé un passage dans ce grouillement, stoppa en disant:

– Nous y sommes.

Un vieil homme se précipitait vers moi, qu'on transportait à bras. C'était le directeur qui m'avait engagée:

– Comment s'est passé le voyage? Que dit mademoiselle Denise?

Sa femme (à ce que je pensais) dit:

– Pas fameux ce nom de Denise.

Quatre ou cinq visages me souriaient, et j'aurais voulu leur répondre par un sourire du cœur. Une pièce assez claire et spacieuse, propre d'ailleurs, servait à la fois de cuisine et de salle à manger.

– Vos parents, comment vont-ils?

– Vous verrez comme vous serez bien ici. Vous ne voudrez plus d'autre vie.

Exactement ce que me disait la Mère Supérieure à Boucicaut. Mais combien me plaisait moins le ton de mes nouveaux hôtes ! Surtout celui de la bru, Rita, dont je sentais toujours le regard peser sur moi.

Chapitre 19

– J'ai de la peine à avaler, dis-je, je m'excuse. Un comprimé et un verre d'eau, c'est tout ce que je demande. Et de me reposer.

– C'est ça, ma petite Daisy, fait la bru.

(C'en est fait. Je suis marquée d'un nom de guerre.)

– Je vais vous porter dans ma chambre. Oui, pour ce soir, je vous donne mon lit. Demain, on vous installera chez vous.

On m'a dit que c'est la fille – Nénette – qui doit me servir de femme de chambre. Pourquoi pas dès ce soir ! Je n'aime pas la façon dont Rita (elle me prie de l'appeler Rita) m'emporte en me serrant un peu trop.

Sa « chambre » est dans l'autre roulotte. Comme je préférerais faire connaissance de la mienne ! Et que ce ne soit pas Rita qui ait à me rendre... certains services dont je rougis. En vérité, je me « retiens ». Mais, il faudra bien m'habituer.

Il fait très chaud. Elle a tiré ma chemise de mon sac de voyage :

– Alors, je vais vous déshabiller.

J'ai dit dans quelle « modestie » d'un autre âge j'ai été élevée. La façon dont cette Rita m'enlève en un tour de main ma petite robe, mon linon – et me contemple :

– Vous êtes bien faite.

Je voudrais que mes seins s'effacent :

– Vite, donnez-moi ma chemise.

Je suis couchée dans des draps. Sont-ce ceux de Rita ? Elle ne les a peut-être pas changés. Pouah ! Et ne va-t-elle pas me laisser ? Je suis épuisée, je bâille avec quelque affectation. Elle vient s'asseoir sur le lit.

– Ça ne t'ennuie pas qu'on cause un peu ?

Ce tutoiement m'effare :

– Causer de quoi ? J'ai envie de dormir.

– Allons, petite Daisy, voyons ! Je ne te répugne pas, je suppose ?

Si ! Cette femme me répugne, encore qu'elle soit assez jolie. Ses yeux profonds. Ses manières de chatte. Elle se pousse de mon côté sans se soucier que je me dérobe. Ce qui m'est à peine possible. Elle me prend le cou. Que me veut-elle ?

Ce qu'elle veut ? Elle s'incline... Pour m'embrasser ! Et sur la bouche, caresse ignorée de moi, réservée aux maris et femmes. Je me détourne.

– Daisy, sois gentille.

Elle se maîtrise :

– Tu comprends, pour moi tu es comme une petite sœur; tu me rappelles une amie qui... Tu sais, tu n'auras que du profit à retirer de mes conseils.

– J'ai sommeil.

– Appelle-moi Rita.

– Rita, laissez-moi dormir.

Encore quelques phrases sans importance. Puis, nouvel assaut, plus précis. Elle m'a pris la tête à deux mains. Ses lèvres qui battent et s'ouvrent.

– Non ! Non !

Je secoue le menton avec l'énergie du désespoir. Que n'ai-je des poignets pour me défendre ! Elle cesse soudain d'insister et, prise d'un pseudo-fou rire :

– Ah non ! Alors, tu es comme ça ! Si bête ! Une pauvre gourde !

– Je ne vous comprends pas, madame.

Et c'est vrai. On me jugera nigaude. Mais je ne soupçonne rien du vice.

Rita s'est ressaisie. Elle se lève, fait quelques pas dans la pièce, revient s'asseoir :

– Alors, c'est dit ? Vous ne voulez pas me comprendre ?

– Je vous en prie, laissez-moi, madame.

Peut-être devrais-je être diplomate. Mais je ne sais, je ne peux pas. Une répulsion invincible ! Elle le sent, et derechef en fureur :

– Eh bien, mon petit, vous le regretterez. Ce que je vous proposais, c'était dans votre intérêt. Je suis… la vraie patronne ici. Je vous aurais tout facilité. Sans moi, vous verrez, vous regretterez de vous être montrée si sotte.

Sur quoi, la partie jouée, elle prend la porte, qu'elle claque, me laissant tourmentée, et perdue. Me suis-je abusée du tout au tout ? Ce milieu… Il est vrai que cette Rita… Ce n'est pas elle, on me l'a affirmé, qui doit me servir de… femme de chambre. L'autre n'a pas de ces manières. Allons, Denise (pourquoi ce nom de Daisy, qui me déplaît ?). Du courage ! Et puis, si ça tourne mal, tu écriras chez nous. Ah ! Papa me dire : « Tu l'as voulu ». Je n'écrirai pas. Il y a un contrat.

Quelle nuit j'ai passée !

Le lendemain, les choses s'arrangent un peu. Nénette, vers les dix heures, m'apporte mon petit déjeuner. On me sert ! Pas de nouvelles de Rita. Vers midi, c'est Paul, le gendre, qui vient me prendre pour me porter dans la salle à manger où la mère – la femme du vieux Pat – est en train de mettre le couvert. Une créature non hostile, elle, non dépourvue même, semble-t-il, d'un brin de délicatesse, mais, à ma surprise, filant doux dès que son mari, le vieux, rouspète à quelque sujet, ce dont il ne se prive guère. La primauté masculine est de tradition, apprendrai-je, chez tous les gens de voyage.

Mais que n'est-elle reconnue également par mon ennemie ! Rita reparaît. Visiblement, comme elle l'a dit, elle est la patronne. Pas besoin pour elle d'être approuvée par le fils, un pauvre type. Comment concevoir cette emprise de certaines femmes sur certains hommes ! Soit ! Mais à moi, à moi, que voulait-elle ? Je n'ai pas fini de réfléchir sur ce point. Et Rita n'est pas même la femme de Roger, rien que sa maîtresse. Sa pseudo belle-mère, qui ne l'aime guère, m'en a déjà avisée. N'empêche qu'elle mène la bande avec un juste faux-semblant de déférence pour le vieux.

– J'ai sorti toutes vos affaires de vos valises, Daisy. Et je les ai rangées.

(Qui lui demandait cela ? Est-ce une esquisse de rabibochage ?)

Ma chambre (pas plus de deux mètres de large, exigence d'une roulotte) comporte un lit pliant recouvert d'une cretonne, trois chaises, et un guéridon ovale sis devant une des deux fenêtres étroites aux volets qui se rabattent.

– C'est là que je pourrai écrire ?

– Oui, les écritures seront pour vous. En tous cas, débrouillez-vous afin que la pièce soit toujours en ordre pour le cas où il y aurait des visites, car c'est ici que nous recevons.

Nouveau coup pour moi, à qui on avait fait luire la perspective d'une chambre personnelle, où je serais libre aussi bien d'écrire que de peindre et de lire, de rêver, de chantonner. Qu'est-ce que ces écritures ? Je vais être clouée dans cette pièce, sans cesse observée, surveillée, commandée. C'est un lieu de passage que devront traverser les vieux pour se rendre dans leur propre chambre.

– Surtout, ne dérangez rien.

Quelle envie de pleurer j'avais ! Mais je me suis interdit de pleurer. J'écris une longue lettre tricheuse, rassurante, à mes parents.

Chapitre 20

Ce n'est que le troisième jour (Dieu sait si j'en avais hâte !) que je ferai connaissance avec la scène future de mes exploits.

Le vieux Pat qui nous précède soulève les coins d'une bâche verte. La fameuse « salle démontable » est en fait une vulgaire baraque où Paul m'apporte, en enjambant des caisses d'outils, des bouts de bois. Au milieu de cette pièce – tapissée d'un affreux reps violet à rayures jaunes – voilà ma petite estrade, de deux mètres carrés peut-être, et surplombant d'un mètre le sol.

– Prenez place. Paul m'assoit à une petite table basse, sur une petite chaise basse :

– Bon !

Sous moi, un tapis déloqueté.

– C'est ça, ma scène ? murmurai-je.

(Et la salle !)

– Excusez, mon petit, dit Paul. Vous êtes tellement adroite; vous ferez voir aux visiteurs comment vous vous y prenez pour manger et pour boire seule... Et puis, vous avez une bonne écriture, vous donnerez des autographes, sur vos photos. De cette façon, vous en vendrez davantage.

– Oui, oui.

Aussi, c'est moi qui étais stupide d'avoir imaginé quoi ? La scène de la Comédie Française ? Je suis embarquée, allons ! On me ramène dans ma chambre.

– Mais alors, fais-je à la cantonade, combien tient-il de spectateurs dans la salle ? Je n'y ai pas vu de chaises.

– Pardi ! Les gens restent debout. Ils vont et viennent. C'est ce qu'on appelle une salle « entre et sort ».

– Avant moi, que présentiez-vous ?

– Eh bien, mais c'était Rita qui faisait la « femme insensible ».

– Ce qui consistait... ?

– Dans un cercueil. Elle était en maillot de bain, se roulant sur des tessons de bouteilles. Roger lui marchait dessus. Elle faisait semblant de ne rien sentir. Oh! ce n'était pas sorcier. Mais qu'est-ce que vous voulez qu'elle fasse ? Elle n'a jamais rien appris.

La vieille hoche la tête :

– Au lieu que vous... vous pouvez avoir du succès. Elle sera sûrement jalouse. En attendant, mon petit, on vous essaiera demain vos robes. Pour le cas qu'il y aurait des retouches à faire.

– Je ne pense pas.

– On verra.

Je vis, le lendemain. Je vis qu'essayant ma robe verte dont le corsage était ajusté avec une encolure en pointe et la jupe très en forme avec des volants superposés, je trouvais mieux que grâce devant la famille.

– Oh! c'est épatant, fit la mère.
– Une poupée ! s'écrie le vieux Pat.
J'étais faite à cette appelation qui ne me déplaisait pas.
Mais Rita, qui survenait, eut un coup d'œil de dédain suprême :
– Vous êtes pas toquée ? Cette robe, mais elle est beaucoup trop longue.
– Comment ?
– On devrait faire voir Daisy en maillot.
En maillot !
Mes yeux s'injectèrent :
– Ça, madame, jamais.
Un appui me vint des deux vieux qui, pour une fois, se montrèrent :
– Vous exagérez, Rita. La petite robe est mignonne comme tout. Et puisque Daisy la préfère…
Mon ennemie se contenta de hausser les épaules et de sortir. La mère soupira :
– Nous aussi, elle nous en fait voir, vous savez !
Ce qui n'empêche que, pour diverses raisons que je ne soupçonnais pas encore, ils durent continuer d'obtempérer.
C'était pour moi une petite victoire. Il faisait torride. Je demandai à Nénette d'ouvrir la fenêtre.
– Les volets, oui, si vous voulez. Mais alors, je tire les rideaux.
– Pourquoi ça ?
(On étouffait.)
– Parce que, si les gens vous voyaient du dehors, ils ne paieraient pas leur entrée.
Alors ! J'étais séquestrée. Moi, la petite fille des champs, amante du ciel et de la nature, de tout l'autre côté de la vitre. Plus de soleil, d'air, plus d'oiseaux, d'arbres. Est-ce que j'y pourrai tenir ?

Samedi, jour de mes débuts, et d'ailleurs du début de toutes les foires. Dès midi, éclate la cacophonie des pick-up sur l'emplacement qu'occupe la fête. A quelques mètres de nos roulottes prédominait l'orgue criard d'un «chevaux-de-bois» miteux. Cela n'allait plus cesser. Moi qui, de ma vie, ne m'étais promenée dans une vraie foire, ce tintamarre m'ahurissait.

On déjeuna plus tôt que de coutume. Je voulus me maquiller discrètement devant l'infime glace de ma trousse.

– Ah non ! Allez-y plus fort ! La salle va être éclairée.

Ma robe verte... Aïe! Je faillis hurler de rage. La Rita avait, de son chef, supprimé deux volants, superflus à ses yeux. Ce qui me découvrait un peu trop.

– Je n'en veux pas. Donnez-m'en une autre.

Mais les autres avaient subi des coups de ciseaux analogues, ce qui les rendait... presque impudiques. Que faire ? La robe tombant très souple, je pouvais tout de même, en ne bougeant pas, échapper peut-être au scandale. Mon Dieu, résignons-nous encore.

La famille vint me contempler, me complimenter :

– Vous avez de la compréhension. Vous êtes chic, me dit la vieille. On vous les remettra, vos volants.

Ce grand gaillard de Paul, vraie bête de somme de la maison, vint me chercher, ayant fait toilette, et si correct en costume gris qu'il en était méconnaissable. Lui, n'était pas forain de race. Le hasard d'une liaison avec la grassouillette Nénette l'avait arraché à son métier d'ouvrier imprimeur à Montargis.

Je fus déposée sur ma chaise basse :

– Aux lumières, ça fait urf !

Sur la table, il y avait verre, assiette, une fourchette et un crayon. Dans l'assiette, quelques morceaux de pain :

– Vous voyez, ça sera facile.

Le vieux Pat me donna une tape amicale sur l'épaule :

– Soyez bien souriante, surtout.

Le cœur serré, j'inclinai la tête sans pouvoir prononcer un mot. Les autres s'étaient défilés. Dans le bruit infernal des musiques, je perçus soudain la voix glapissante de Nénette... Je prêtais l'oreille. Ça y était ! C'était mon nom, au milieu de bribes de phrases. J'hésitais à croire...

– Entrez, entrez ! Vous allez voir la femme-tronc, le phénomène le plus curieux de notre époque. Unique en Europe !

Je n'en entendis pas davantage. Si une désignation m'avait jamais fait horreur. Femme-tronc ! Je m'écroulai, la tête sur ma table. On m'avait si bien garanti qu'on me présenterait comme « artiste ». Oh! maman! Je demeurai prostrée sous le faix d'une honte sans nom quand, comme en songe, j'aperçus Nénette à côté de moi.

– Faites attention. Reprenez-vous. Il y a du monde.

J'étais entourée de clients. Mécaniquement, en somnambule, je cueillis une de mes photos; je la signai; j'en remis plusieurs aux gens qui avaient l'air ravis. Pat arborait un large sourire :

– Elle va maintenant vous montrer comment elle mange.

Je le montrai.

– Comment elle boit.

Egalement.

Il y eut quantité d'entrées, jusqu'à deux heures du matin. On me dit que la recette était convenable.

– Bravo. Vous vous en êtes bien tirée. Maintenant, allez dormir.

Quand ils traversèrent ma chambre pour gagner la leur, je surpris les réflexions du vieux :

– Pauvre gosse ! Elle a du cran.

– C'est un trésor pour nous cette gamine.

– Elle ne s'attendait pas à ça.

Chapitre 21

Le cycle était inauguré. La « femme-tronc » avait fait recette; il n'y avait plus à revenir là-dessus. Le lendemain pourtant, quelques visiteurs en sortant objectaient :

– Pourquoi annoncez-vous une « femme-tronc » ? Cette jeune fille a des moignons.

(J'étais encore trop « complète » pour eux !)

D'autres :

L'orbiquet à Courtonne

Ephémères coquelicots

– Elle est assise bien bas. Il y a probablement un truc. Elle doit avoir des jambes qu'elle cache.

Soyons juste : je rencontrais aussi des regards empreints de bonté. Je distinguais des phrases telles que :

– Mon Dieu, ce qu'elle doit souffrir, cette petite!

– Elle n'a pas l'air d'une foraine.

Cela me réconfortait un peu. La baraque ne désemplit pas de quinze heures à vingt heures et demie, puis, après un court arrêt, jusqu'à trois heures du matin. J'étais exténuée : je m'évertuais, de mes « bras », de ma bouche, comme robot.

Quand on décida de fermer, Paul me transporta dans ma chambre et Nénette m'aida à me mettre au lit.

– Qu'est-ce que j'ai gagné, fis-je en lorgnant la bourse qu'elle déposait en haut de l'armoire.

– On verra demain.

Après quoi, ils allèrent « bouffer » ensemble – comme ils disaient – dans un bar. Moi, rien, si ce n'est qu'un verre d'eau. Et, le lendemain matin, au réveil, j'entendis Nénette expliquer que c'est moi qui n'avais rien voulu prendre, qui avais préféré dormir.

Une fois, une jeune fille vint, envoyée par des amis du Tréport, et demanda à la caisse de me parler en particulier.

– Ah non! Rien que pendant la séance. Car, en dehors, elle se repose.

La vieille Pat poussa vers moi cette jeune fille qui, au bout d'un instant :

– J'aurais une requête à vous faire. La directrice de l'Hospice a entendu parler de vous; elle voudrait que vous veniez visiter ses pensionnaires. Ce serait stimulant pour elles. Elle vous invite à déjeuner.

La mère Pat faisait la grimace. Moi :

– C'est une excellente idée. Puisque nous terminons ce soir.

Je me tournai vers la vieille :

– Je pourrais y aller demain. Si vous le permettez, madame.

– Cela me fera tant de bien de sortir.

La vieille, prise de court, n'osa pas refuser.

Ces heures de congé. La jeune fille m'emmena en taxi. Je me laissai aller à lui confesser mes désillusions.

– Voulez-vous qu'on passe d'abord à l'église ?

Ainsi fut fait. Mon Dieu, mon Dieu, donnez-moi encore plus de courage.

La directrice de l'Hospice se montra des plus compréhensives.

– Comme je voudrais rester chez vous, madame !

– Mon enfant, moi aussi, j'aimerais vous garder. Mais vous avez bien raison d'essayer de gagner votre vie. Tout de même, si cela devient trop dur, n'hésitez pas à réclamer la résiliation de votre contrat.

Facile à dire ! Ce mot de contrat avait pour moi quelque chose de sacré.

Ma visite aux pensionnaires, combien elle fut attachante ! Ce n'est plus moi qui étais le sujet de pitié. C'étaient elles. J'étais un peu Saint Louis au chevet des pestiférés. On me promenait comme une châsse. Je souriais à tout le monde. Une petite paralysée cousait toute la journée dans le vide, personne ne prenant la peine de passer un fil dans son chas.

– Tenez, mademoiselle, faites comme moi, et, puisque vous avez des doigts, serrez bien entre pouce et index. Prenez une aiguille à repriser, dont le chas est plus allongé.

Ce fut presque immédiat. Au cinquième essai, l'aiguille s'enfila. L'extase de la malheureuse fille :

– Mais c'est facile. A présent, j'enfilerai les aiguilles des autres.

En me quittant, la directrice m'embrassa sur les deux joues :

– Vous en avez fait, du bon travail ! Mes enfants ne faisaient que gémir. Maintenant, beaucoup n'oseront plus. Une des plus grincheuses m'a dit : « Quand on voit que celle-là !... »

Je comptais être à l'heure pour rentrer. J'étais, paraît-il, en retard.

– Nous allons dîner en ville. On est invités. Par un hôtelier très riche.

Chapitre 22

Nous quittons le Tréport. Je m'en réjouis. C'en est fait, j'appartiens à ces fameux « gens de voyage ». (Encore un mot qui exerçait sur moi une prodigieuse séduction !).

– Est-ce qu'on la prend dans l'auto ?

– Non, elle sera bien dans la roulotte, trancha Rita.

Rien que le trajet jusqu'à la gare. On m'avait placée sur mon lit, dans ma « chambre » hermétiquement close.

Dès qu'on roula, le balancement accentué de droite et de gauche me donna mal au cœur.

Au premier arrêt, j'étais blême au point que Nénette ne put s'empêcher de me demander :

– Qu'est-ce qui vous arrive ?

– J'ai surtout soif, soupirai-je.

– Ah! Il n'y a pas de boisson ici.

Le peu d'air qui m'arrivait par la porte enfin entrouverte me fit du bien. Pat m'ouvrit le vasistas du plafond d'où tomba sur moi le plein de soleil. Pour les volets, pas question puisque, je le compris, j'allais voyager en fraude, sans billet durant trois jours pour aboutir à Nevers. J'étais simple marchandise, passant de train en train.

Au départ, vous devinez si j'avais été retournée en entendant un employé :

– Surtout, personne là-dedans, hein ? Pas même un chien ! C'est dangereux.

La roulotte balottée sur place, le bruit des chaînes qui l'encerclaient, le grincement de la grue qui me souleva pour balancer dans le vide... A quelle hauteur ? Je redoutais surtout l'accostage, d'autant qu'une voix ironique cria :

S'il y a quelqu'un à l'intérieur, il ferait bien de s'attacher au matelas.

Je ne revis les autres que vers deux heures. Nénette me versa un verre d'eau – moi qui en aurais absorbé un litre.

Le roulement sur rails me fut moins pénible. Et enfin, nous arrivions à Nevers. Seul le vieux Pat témoigna quelque regret des conditions dans lesquelles s'était effectué mon voyage.

Débutait la « vie de damnée » (comment la désigner autrement) que j'allais mener tout d'abord pendant trois mois d'un été à la chaleur mal supportable.

On m'avait prévenue que j'aurais du travail ! Cela, je ne le craignais pas; mais, comme il s'était découvert que j'avais une bonne écriture et que j'étais une comptable passable, le vieux, gitan illetré, sa femme, belge, sachant à peine lire, Nénette et Paul, flemmards, Rita qui avait mieux à faire, tout ce monde m'avait, au bout de peu de jours, attribué non seulement la correspondance officielle, administrative, avec les mairies, marchés, fournisseurs, etc., mais aussi la rédaction – en majuscules – et le repiquage des affiches publicitaires. Et la tenue de l'un des deux livres de comptes.

Un matin, dès les premiers jours, j'avais vu la vieille Pat fort embarrassée d'un ourlet qu'elle avait fait à une jupe.

– Ce n'est rien que ça, lui dis-je ? Voulez-vous ?

Je la sentais sceptique. Je me piquai d'orgueil. Sortant mon petit nécessaire à couture de mon sac, je me mis à épingler l'ourlet, muni d'un petit gabarit, qu'une carte de visite à laquelle il était assujetti régularisait.

Me voyant enfiler mon aiguille, la vieille Pat sortit; elle rameuta la famille :

– Elle n'aura jamais fini de nous étonner.

J'espérais avoir gagné droit à quelque considération. Pensez-vous ! Je fus simplement promue à la fonction de raccommodeuse. Et on me pria de faire montre en scène de ce talent supplémentaire. Je m'exécutai.

Un soir, une élégante du pays me lança d'un ton de victoire :

– J'ai demandé une aiguille si fine, celle-là, que je vous défie...

Prise au mot, je l'enfilai, et, dans un mouvement d'agacement :

– Je vous fais cadeau du fil.

Recrudescence des compliments, de bravos. Je reçus des fleurs... qui ne traînèrent guère, on s'en doute, dans ma chambre. Une journaliste – à Chateauroux – brossa un magnifique article.

La chaleur, les mauvaises odeurs, les rétentions que vous savez, le travail de correspondance et de propagande écrasant sur quoi j'avais peine à prélever le loisir d'écrire mes propres lettres à la famille, à mes parents à qui je déguisais tout.

Dans mon asphyxie morale plus encore que physique, me soutenait la seule existence de la cagnote. Pour ne pas être taxée de suspicion, je n'en contrôlais pas souvent le contenu. Vers la fin d'août cependant, je m'y décidai et y découvris... à peine davantage que le mois précédent. On me volait. Qui me volait ? A qui protester ? Quelle justice saisir ? M'évader, comment ? Le contrat ! Mon incapacité physique. Tout le gang ligué contre moi. La saison brûlante s'achevait, qui était sans doute la plus pénible.

Sur quoi le vieux Pat me confia, un soir, que notre itinéraire allait nous amener pour quelque temps en Seine-et-Oise et que je pourrais profiter d'une petite semaine de vacances :

– Vous direz bien à vos parents que vous n'êtes pas malheureuse ici.

Chapitre 23

Quelle détente de me reposer dans cette chambre d'hôtel, sous la tutelle de cette chère Marcelle qui était venue me prendre !

– Mais... tu n'es pas heureuse, me dit soudain mon amie. Je l'ai compris.

– ... Pas heureuse, c'est vrai.

Je m'épanchai. Je déversai un Niagara de rancœur.

– Mais pourquoi es-tu restée ? Ne t'es-tu pas plainte à tes parents ?

Je n'ai pas l'intention de le faire. Tu comprends, il y a ce contrat. Et si je le brise, ce sera la fin. Mon histoire s'arrêtera ici. On ne me laissera plus rien tenter. Non, je ne veux pas capituler. Toi, jure-moi de ne rien dire.

Le retour de l'enfant prodigue ! Papa et maman étaient depuis longtemps sur le pas de notre porte. On pleurait de joie. Le cadre familier, la cuisine qui sent si bon.

– On va te « choyer », tu en as besoin; tu es maigre.

Papa se frottait les mains en m'entendant donner des détails – plutôt arrangés – sur ma « campagne ».

– Ma fille est une vedette !

Maman, elle, se préoccupait de ma mine :

– Je te trouve bien pâlotte.

Papa, à plusieurs reprises :

– Tu n'es pas malade, Minet ?

– Jamais je ne me suis mieux portée.

Mon amie repartit le soir, après m'avoir glissé à l'oreille :

– Ne manque pas de me prévenir si...

J'étais résolue à n'en rien faire.

Mais il y eut un soir...

Je dînais chez des amis fortunés, qui étaient venus me cueillir en auto. Que j'étais bien, après le repas, calée dans ce fauteuil, en cet intérieur douillet avec autour de moi, ces yeux complaisants, ces gestes amènes !

– Racontez-nous tout.

Je ne sais comment, tout à coup, parmi cette euphorie et ce confort bourgeois, mon cœur creva. Je laissai déborder le flux de mes humiliations et de mes détresses.

Mes hôtes étaient renversés :

– Oh! Mais alors, ce n'est pas possible ! Enfermée ainsi pendant des pérégrinations pareilles ! Vous allez ruiner votre santé. Il faut rompre, c'est évident.

Bientôt la sagesse me reprit. Comme j'exposais mes raisons :

– Votre contrat ? Ça ne m'effraie pas du tout. On pourrait vous le faire résilier, au besoin par la police. Mais il est vrai que, si votre tentative a l'air de se solder par un échec, comment, aux yeux de vos parents, pourriez-vous...?

– J'espère finir par prendre le dessus. Gagner de l'argent c'est essentiel.

– Combien ramenez-vous cette fois ?

Je trichai sur le prix. Cela fit réfléchir encore :

– Soit! Continuez, alors. Mais ne manquez pas de correspondre régulièrement avec nous. On s'arrangera pour aller de temps en temps vous surprendre.

Ce ne sera pas facile, pensai-je. Si nous sommes au diable vauvert ?

Déjà, la semaine s'achevait. Rita venait de me mettre un mot m'avisant d'avoir à rejoindre le vendredi. Soit! Je fus à la roulotte à l'heure dite. Ma chambre m'attendait, close, où je fus aussitôt bouclée par Nénette.

Vers le soir, le vieux Pat entra chez moi :

– Mais c'est insensé ! Elles pouvaient vous laisser encore une nuit. Avez-vous fait bon voyage ?

Vos parents ont-ils été contents ?

Chapitre 24

Je n'aime pas tant me plaindre. Que dirai-je des mois qui suivirent sinon que, succédant à ceux de géhenne, je les situe comme plus affreux encore ! Je repartais, par un effort de volonté, peu sûre que s'améliorerait le climat, assombrie désormais surtout par la conviction d'avoir échoué en un milieu avilissant.

Trois mois d'errance en Ile-de-France. Il me souvient que ce Noël – nous étions campés à Beauvais – où je fus délaissée vers les dix heures par la famille qui, depuis des jours, mijotait une fiesta.

Ce soir-là, pour être sûres d'avoir chaud à leur retour, les femmes avaient bourré le fourneau, et, au bout d'une heure, l'atmosphère devint irrespirable. Mon lit n'étant pas loin de la fenêtre, j'entrepris de gagner celle-ci à l'aide de ma chaise qui, malheureusement, n'était pas accolée à mon chevet comme d'habitude. Je me glissai sur la carpette; je rampai; je tentai de me hausser vers les vitres; je me faisais l'effet de ces damnés qui tendent les bras vers le ciel. J'étais dans un bain de sueur. Le poêle ronflait; ses tuyaux étaient portés au rouge blanc. Des craquements de mauvaise augure, des crépitements se faisaient entendre. Mon Dieu, si la paroi s'enflamme, je vais griller là comme un sarment. Crier? Mais nous n'avions pour voisins qu'un manège d'auto-tamponneuses dont le pick-up eût couvert ma voix. La vigueur me fit défaut pour remonter dans ma couchette. Je perdis connaissance. Combien de temps? Longtemps. Je ne repris conscience qu à l'ouïe d'une rixe derrière la cloison.

– Attention! Il sort son couteau! cria quelqu'un.

Il y eut des bruits de coups, puis des pas qui s'enfuyaient. Une voix de femme commenta:

– Le pauvre! Il a son compte.

Pat et sa femme ne reparurent que sur les quatre heures du matin. En me ramassant, ils entrèrent dans une de leurs colères factices:

– Ils veulent la tuer, cette gosse. Pas d'air! Il y a de quoi crever ici.

Ils ouvrirent grande la porte, me firent respirer de l'eau de Cologne, boire un peu d'eau à la menthe.

– Avec nous, vous ne risquez rien

Après un nouveau bref séjour chez mes parents, qui fut la réplique exacte de l'autre, la région de l'Est, maintenant. Trente-six heures en wagon de marchandises (eux, se prélassaient déjà à Nancy). On évolua tout un mois à travers la Lorraine. Que n'eussais-je pas donné pour entrevoir le pays de Jeanne d'Arc! Puis en Alsace, en Champagne. Rien! Les volets, mes écritures, les repas où l'on finissait par ne plus m'adresser la parole:

– Vous ne serez jamais une « du voyage ».

On se rapproche de Paris. Il fut question (j'écrivis) de paraître à la Foire du Trône. Cela rata, faute de piston. Je me mis à souffrir du ventre, suite de mes rétentions, qui, de voulues, devenaient maladives. Mon intestin, inerte aussi. Une bête me rongeait la taille. Six jours de constipation.

– J'ai mal à la tête. J'ai la fièvre. Je n'en peux plus.

– Elle s'écoute.

L'obstruction menaçait. Les séances se prolongeaient régulièrement jusqu'à des minuit.

Un jour, à Crépy-en-Valois, je me décidai à appeler au secours, par lettre, à Paris. Mon amie Suzanne surgit, le lendemain, en taxi. Elle offrit de m'emmener pour trois jours. La semaine étant de repos, mes patrons se laissèrent faire.

Suzanne était femme de ressources. Elle possédait elle-même une camarade, infirmière-chef à la Pitié, où je fus admise de façon extra-réglementaire. A la visite, le lendemain, j'avais le ventre gonflé comme une outre; un fauve me mordait l'intérieur, c'était à hurler. L'interne fit la grimace; mais la radio le rassura.

En tout cas, j'en avais assez. Mon pécule n'augmentait guère. Toujours dans les 3 000 francs, ce qui devenait dérisoire. Je n'avais pas positivement décrété de reprendre ma liberté, mais je gardais en tête la promesse de ces amis qui réclamaient d'être alertés en cas de besoin.

Le hasard de notre itinéraire nous avait conduits en Normandie où nous vagabondâmes près d'un mois, mais sans approcher Caen. Guettais-je une occasion? C'est possible. Une certaine nuit, à Domfront, je fus sérieusement malade, dérangée et dérangeuse. Je m'assoupissais juste sur le matin quand je m'entendis héler par Rita. Je faisais la sourde oreille.

A neuf heures tapant, j'étais apportée dans la baraque, glaciale en ce début de mars. Déjà notre musique glapissait.

– Personne ! Il ne va venir personne.

Quand pénétrèrent deux gendarmes.

Des représentants de l'autorité. Les protecteurs, en principe, du pauvre monde ! Si je me plaignais à eux ? (Rita avait tourné la tête) le feuillet que je venais de remplir :

– Messieurs les gendarmes, prenez-ça. Expédiez-le... C'est une dépêche.

Ils entrèrent bonnement dans le jeu, sans même me demander le montant des frais, ce qui me fit faire du mauvais sang.

A trois heures de l'après-midi, en pleine séance, débarquèrent mes amis de Villers-Bocage qui, à la porte, me réclamèrent.

– Mademoiselle est en séance.
– Nous ne pouvons attendre !
M. T.... en imposa. Il fit irruption :
– Je viens la chercher.
Le vieux Pat ne pipa point. Il eut des hochements de tête vers les autres, impressionnés. Je compris que j'aurais pu me faire dégager depuis belle lurette.
En homme d'affaires, M.T. fit venir un huissier qui annula le fameux contrat et pondit une pièce officielle sur papier timbré. J'étais libre ! Les choses s'étaient déroulées si rapidement que j'en étais décontenancée.
Pat revint me dire :
– Ma petite Daisy, vous avez le droit d'être heureuse. Toutes les misères qu'on vous a faites ! Ce n'est vraiment pas ma faute !
– Je le sais.
Mes amis me pressaient :
– Tu rassembles tes affaires, Denise ?
Elles furent prêtes en cinq minutes.
– Attendez, il faut que je dise au revoir aux autres.
Le jeune ménage était atterré.
– Quoi ! Vous partez ? Alors, on va être sans travail. Pourquoi n'accepteriez-vous pas de continuer quelque temps avec nous ? Le temps de nous dépanner.
– Ma foi...
Une nouvelle entente, officieuse celle-là, fut signée par moi avec eux le soir-même. Les T.... eurent l'élégance de ne pas se froisser :
– Après tout, c'est vous que ça regarde.
– Dites à maman et à papa que je vais être mieux.

Chapitre 25

Ce qui réellement m'attirait là, c'est que ce jeune couple – lui, Jacques, trente ans, de bonne famille, bachelier même, je crois; elle, Mariette, bébête, et charmante – ce jeune couple, dis-je, était doté d'un bébé de huit mois, Willy, qui faisait intensément vibrer ma fibre maternelle.

J'avais posé mes conditions (quel progrès!). Plus de « femme-tronc » ! Les pancartes ne porteraient plus que :

Mlle Daisy, l'artiste-peintre sans bras ni jambes.

J'avais bien droit à des égards de la part de gens à qui je sauvais la mise.

Le nouveau contrat – sur papier libre – me reconnaissait un pourcentage sur les entrées non plus de 5%, mais bien de 33%. Par exemple, ledit pourcentage englobait le produit de mes ventes personnelles de cartes coloriées et d'autographes. Un second tiers des entrées irait aux propriétaires, le dernier aux frais de matériel (ce qui devait être le « trou »).

J'ai fait partie dix-huit longs mois de cette seconde association. Ah! oui, longs, car peu à peu, le même sentiment de ratage m'envahissait.

Encore des errances. Un seul fait entretenait ma constance, c'est qu'en dépit de tout, malgré la correspondance coûteuse que je continuais d'entretenir, malgré les innombrables cadeaux que j'avais la petite joie d'expédier de-ci de-là et chez nous, je ne cessais de voir croître le montant de la cagnotte dont je ne me séparais plus.

Nous trouvant aux environs de la Capitale, je repérais dans un journal l'annonce d'une remorque-camping à vendre.

– Si je l'achetais ?

Cela déchargerait la Renault. Jacques me mena l'admirer à Nanterre. Marché conclu, sous réserve d'un délai nécessaire pour certains aménagements.

Cette remorque était jolie, quasiment neuve, avec une grande baie ouvrant de haut en bas sur un « petit salon » (où j'exposerais). Adieu l'infecte baraque ! C'était une fameuse étape. Je me sentais devenir une bourgeoise !

Evidemment, il me fallait travailler davantage encore pour remplir à nouveau ma tirelire. L'été s'écoula, puis l'automne.

Un jour, un jeune père ayant glissé la pièce, obtint de m'amener chez lui où sa femme, disait-il, désirait me connaître. Triste foyer. Je fus mise en présence de leur fillette de trois mois..., née sans bras et avec une jambe courte.

Je m'efforçai de les remonter :

– Et surtout, quand elle sera grande, ne la mettez jamais chez les forains.

– Et vous ?

– Oh! moi..., je suis à part.

Ce couple était sympathique. On s'est promis de s'écrire, ce que l'on fit des années durant. La petite Paulette, rousse aux yeux bruns, demanda par la suite de me rencontrer, et se lia d'amitié avec moi. Là aussi, il y eut des échanges de lettres; lettres naïves, touchantes de sa part, tracées avec son pied droit dont elle usait avec une adresse remarquable. Vers 1930, je devais apprendre que son père avait cédé à la tentation de l'exhiber lui-même dans les foires. Ensuite, elle entra – c'était l'engrenage – dans une roulotte, avec sa mère auprès d'elle qui m'adressa des missives apparemment satisfaites. La gosse, elle, ne correspondait plus. On lui devinait un mauvais moral. J'écrivis, je réécrivis. Un matin, je lus dans l'*Ouest-Eclair* que Paulette R... s'était noyée en se jetant dans la Mayenne.

Ah! Parents, ne vouez jamais à ce martyre aucun de vos enfants.

Je recommençais à mettre de côté quelques billets et je me sentais à même d'en récolter bien davantage. Ma « voiture », mon « salon » m'avaient donné un vertige d'indépendance. Jacques tournait mal. C'était avec sa femme des scènes perpétuelles. Il sentait l'absinthe.

En février 1934, sur une discussion orageuse concernant mon pourcentage, je les quittai, résolue à poursuivre mon ascension (!)

Chapitre 26

Ce n'était plus chez nous seulement le retour de la « vedette »; c'était celui d'une fille aimée, et désormais respectée, du fait qu'elle remplissait son bas de laine. Je regagnais Tracy-Bocage propriétaire d'une « voiture » qui pouvait passer pour « luxueuse ».

Par-dessus tout, ma joie du retour définitif au foyer éclatait. On m'invita à la ronde, même dans la « société » où jamais la famille n'avait eu accès. Je passais le plus clair de mes journées chez Catherine, fille d'un distillateur, qui me promenait en grosse auto. Je commençais à être mieux vue de tous, même enviée, dans la mesure où je puis l'être.

Je prenais pour ainsi dire parti de ma disgrâce corporelle. Rayés le mariage, l'amour, soit ! Il me restait la nature avec laquelle je communiais par tous les pores. Mai renaissait sans que je le maudisse. La splendeur de notre province, les pommiers, les haies, les champs, le soleil, les étoiles, la pluie, dont j'avais été tant sevrée. De multiples correspondantes, m'arrivaient des lettres de remerciements ou de réconfort, des messages de vitalité juvénile ? La musique, bien que notre vieille T.S.F. se détériorât. La lecture. Catherine m'avait passé des Zola que je connaissais déjà (La faute de l'abbé Mouret), auteur qui, avec sa brutalité, mais aussi sa puissance, ce sentiment panthéiste du monde qu'exhalait le Paradou, allait devenir mon dieu; hardiesse à cacher soigneusement, avec la complicité de maman, à notre jeune abbé, sec et terne, qui haïssait ces œuvres à index.

Chose curieuse, j'étais relancée par quantité de forains qui « avaient entendu parler de moi ». Mes parents en étaient flatés. Pour moi, que le ciel me préservât de reprendre ce dernier des métiers !

Changement à vue : me voilà à Deauville. J'y débarque sur le conseil d'un vieil ami quelque peu peintre lui-même, qui séjourne régulièrement dans cette villégiature ultra-chic.

– Vous verrez, il y a là à faire.

Un garagiste de Caen y a remorqué mon camping – ouvert sur l'espace – et je me suis établie sur la place de la Gare où, bien installée, j'espère captiver l'attention aussi bien des automobilistes que des voyageurs du train. Plus question de « phénomène ». Je suis la petite artiste sans mains qui peint à longueur de journée non plus seulement des foulards et des cravates, mais des toiles, de véritables toiles que je vends environ 25 francs.

Tout va bien. Les repas me sont apportés du restaurant d'à côté par une servante accorte qui me rend les autres services. Une femme de ménage vient aussi deux fois par semaine. Dans ma soif de me débarrasser au maximum de mes servitudes, je me suis fait installer un petit lavabo-réservoir pour la toilette, également un W.-C. J'ai adopté une forme de robe ainsi qu'un sous-vêtement (Je l'ai fait moi-même) aisés à faire glisser et à remettre sans aide. Nouvelles délivrances, ouf !

Je me suis fait des amis, dont certains que je conserverai toujours, entre la famille Rots et le chef de la gare routière.

Comme je l'escomptais, je vends pas mal – peut-être à des célébrités qui se rendent au casino, mais que j'identifie peu, à l'exception de Tristan Bernard, ce barbu bienveillant, un bon client.

La saison terminée, j'ai en caisse non loin d'une dizaine de mille francs. En deux mois, c'est admirable. Mais je ne vois pas sans appréhension arriver l'automne. Denise, secoue-toi ! D'intuition, j'écris à des amis de Rouen : n'y aurait-il pas quelque chose à faire dans cette grande ville ?

Mais oui, me répondent-ils tout de suite. Que je vienne donc me rendre compte !

J'y « saute » dès octobre, pour y faire un essai d'un mois. Et je vais y rester quatre. Me voilà campée place Carnot ; je me suis entendue avec mes amis. Ils me sortent. Elle m'apporte régulièrement mes repas. Les affaires marchent. Je travaillais, je vendais, même et surtout, des toiles ! Quelle fierté ! Je me payai un poste de radio, car le mien me manquait trop. Plongée grâce à lui dans une atmosphère d'euphorie et d'harmonie (car j'obtenais presque toutes les « longueurs »), il me restait encore du temps pour poursuivre ce qui est, je pense, ma mission sur terre. Multiplier mes relations épistolaires avec mes amis malades qui, pour quelque raison, manquaient de ressources, d'amitiés, de courage. J'allais devenir à moi seule un petit office de renseignements; j'écrivais de tous côtés, aux préfectures, aux mairies, aux administrations, réclamant pour mes camarades que leur ignorance du maquis paperassier, leur analphabétisme parfois, ou leur chagrin pouvaient desservir. Une fois, je me rappelle, j'intervins pour un grand mutilé de la guerre qu'on avait enregistré comme « défunt » (par suite d'une homonymie). Il avait cessé de recevoir sa pension, et pis : comme il avait par deux fois changé de résidence, la poste retournait toujours les plis à lui adresser avec la mention décédé. Le malheureux, incapable de se mouvoir, ayant, de surcroît, perdu sa femme, mourait de faim dans le Lot. Je me payai l'aplomb pour écrire au Président de la République, et finis par avoir gain de cause. Mon mutilé avait pleuré sur la lettre par laquelle une de ses voisines, obligeante, me remercia.

Je frissonnais de peur parfois, le soir, dans mon camping, isolée sous le brouillard glacial qu'exhalait le fleuve. Si on m'avait attaquée !

Ce fut une des raisons majeures qui me décidèrent à regagner Tracy-Bocage en janvier, toute fière de ma réussite.

Chapitre 27

Serais-je déjà de ces vieillards qui se remémorent dans le détail les moindres événements de leur enfance au détriment de ceux de leur âge mûr ? Mûre, ne le suis-je pas, à vingt-sept ans, alourdie de quelques expériences ! Nul revenez-y sentimental, sauf, parfois, quand s'évoque l'image d'un grand garçon blond, à moustache, aux yeux bleus, main sur mon épaule, qui me dédiait de l'amour.

Au bref, ces années d'avant-guerre qui me virent trois fois de suite à Deauville et à Rouen auront peu marqué ma mémoire. Elles furent ordinaires, passables. J'écoutais ma radio. Je peignais, heureusement de plus en plus, et, soucieuse de me perfectionner, je m'étais offert – après une lettre d'un cours par correspondance qui déclinait le soin de s'occuper de moi – le Traité de Peinture d'Edouard Harroux que j'appris quasiment par cœur et dont je m'inspirais en conscience.

Un soir de Noël 1936 où mon cœur se serrait en entendant passer les gens chargés de fleurs et de cadeaux... J'avais laissé ma devanture ouverte. Vers dix heures, quelqu'un risqua par hasard un œil vers mes toiles, entra, et m'en acheta une à un prix honorable.

Presque immédiatement après, j'aperçus la tête d'un clochard qui s'appliquait à mon rideau. Il inspecta le petit salon, me vit, dut se rendre compte... Il s'éclipsa.

– Eh! mon brave, prenez donc pour vous. C'est Noël !

D'un geste de folie, je lui tendis un billet de dix francs.

Il le prit, le retourna. Son œil revint à ma personne, à mes « bras » violacés de froid.

– Oh! non, mademoiselle... Je vois... Vous êtes malheureuse.

– Mais non. Je gagne ma vie.

– Mais... Mais...

Son mouvement du menton.

– Bah! repris-je. Cela me fait plaisir de pouvoir vous faire plaisir, gardez donc, je vous prie, vous qui pouvez en profiter.

Faisant faire demi-tour à ma chaise, je rentrai dans mon privé, tandis que lui, en palpant le billet, répétait :

– Non! Non ! Pas croyable !

J'aime les clochards. Celui-ci devint de mes familiers sans qu'il m'adressât plus jamais la parole. Il passait souvent devant mon camping, mais sur le trottoir opposé. Là, il stationnait, attendant que je le remarque. Alors, il soulevait son vieux feutre et me saluait avec l'ampleur d'un mousquetaire du roi.

Chapitre 28

Vous me voyez donc, en ce printemps 1938, à la maison, travaillant à force, ne vendant, au début, que médiocrement, toujours considérée un peu comme un amateur qui se distrait.

Alors que j'avais toujours en tête mon idée fixe de réussir (pas tant pour moi !).

Tout cela, au fond, ne rapportait guère. Grignotant peu à peu mes économies, je faisais involontairement des retours sur les années amères où j'emmagasinais des piécettes.

C'est dire que, le jour où les forains... Encore des forains ! N'échapperai-je jamais à cette race !

Les parents ne diront plus que c'est moi seule qui l'aurai voulu. Ils m'y ont poussé. M. et Mme Boulot sont venus nous trouver, me rappelant m'avoir rencontrée à Dampierre et m'avoir jugée si sympathique... Eux-mêmes le sont. Depuis des décades, ils appartiennent au « voyage », marchands de bonbons pour commencer, puis directeurs d'un manège.

– Avec eux, tu ne seras plus seule, me dit maman.

Et papa :

– Ce sont des gens sérieux.

C'est dit. J'accepte. Pour quelques mois, le temps de me refaire une caisse d'épargne. Eux aussi me consentent 33%. Je partagerai leur roulotte. Regret de devoir renoncer à ma chère remorque-camping. Leur Renault, fatiguée, a bien assez de trimbaler leur antique camion.

On embraye au début de l'été. Et, pour commencer, ce renouveau de vie itinérante, bien que toujours pénible, ne me déplait pas tant que j'aurais cru. Mes compagnons sont polis, bien élevés, sans élans du cœur. On fera de préférence les plages. La mer, rien que de l'approcher, me met une saine salure aux lèvres. Malheureusement, c'est plutôt, c'est surtout, c'est exclusivement dans l'intérieur des départements à vrai dire maritimes que nous allons promener nos véhicules à bout de souffle. On est terriblement à l'étroit. Ma « chambre » à moi, mon « petit salon », comme ils disent, me concède juste, en dehors du lit, un espace de moins d'un mètre carré, qui prend jour par une porte-fenêtre. Mais… mais les matins de départ, on entasse dans ledit espace une partie des montants de la baraque démontable, ce qui réduit encore mon cube d'air. Par fortune je bénéficie d'un petit lavabo.

Juillet, août, septembre. Rien de joyeux. Les Boulot (quel nom !) non plus ne s'intéressent à rien de ce qui m'intéresse. Eux aussi… me grugent au chapitre « réparations mécaniques ». Eux non plus ne sont rien moins que chauds pour me sortir, pour me « laisser voir ». Enfin ! Soyons patiente ! J'encaisse des pièces, des fafiots dont il ne file pour l'instant qu'une modeste part à Tracy. Mais, à ma rentrée…

Souvenir de Neufchâtel-en-Bray.

Ce gamin de sept à huit ans que j'entends jaser au dehors et qui, le curieux, demande à « voir la dame ».

– Attends la représentation.

– J'ai pas de sous.

Je crie :

– Ce gosse, qu'il entre !

Un joli minois se dessine sous la couche de barbouillage qu'a créée la pluie sur ses joues. Des yeux merveilleux d'innocence. Le petit frère que j'eusse aimé avoir.

– Comment t'appelles-tu ?

– Fernand.

Je suis en veine de générosité. La recette de la veille a été bonne :

– Qu'est-ce que tu aimerais acheter ?

Lui, sans hésitation :

– Des frites.

– Tu as faim, Fernand ?

– J'ai toujours faim.

– Tiens, voilà.

Il file en flèche.

Mme Boulot :

– Si vous vous mettez à faire l'aumône aux miséreux !

– A qui voulez-vous qu'on la fasse ?

J'ai revu le garçonnet le soir :

– Tu ne t'es pas payé que des frites ?

– Oh! non, madame, regardez…

Il me montre au creux de sa menotte une auto miniature.

– Tu avais envie de ça aussi ?

– Je l'ai payée quarante sous.

C'est la nuit. Il est près de neuf heures.

– Mais comment se fait-il que ta maman te laisse dehors si tard ? Elle va être inquiète. Rentre vite.

– J'en ai plus, m'a-t-il répondu. Elle est morte.

Et il s'esquive, sortant à jamais de ma vie, moi qui me sentais saisie pour lui d'un amour de maman.

Chapitre 29

On va arriver à Boulogne. Une grande ville. C'est grâce à moi qu'on pourra s'installer, car le patron s'étant mis en retard, j'ai dû écrire.

– A vous, on ne refusera pas.

On n'a pas refusé. C'est inouï même comme les gens des administrations – pour qui la presse n'est pas tendre – se montrent d'ordinaire à mon égard des modèles de serviabilité.

Boulogne nous est cependant néfaste. A l'instant où nous pénétrons en ville, une auto qui, sur le pavé mouillé, dérape, nous frappe de plein fouet. Je ferme les yeux, me voyant dans l'autre monde. Mais je roule sur le plancher comme une boule. Un de nos essieux est brisé, et, comme il n'y a pas de témoins, on en sera peut-être pour nos frais, ce qui n'arrange pas l'humeur des Boulot, quinteux depuis quelques jours.

Et, le soir, lettre catastrophique : papa s'est démoli l'épaule, bousculé par un cheval; peut-être restera-t-il infirme. Et Germaine, mon Dieu, Germaine est tombée subitement malade, et si sérieusement qu'on parle d'une opération. Un mot qui me glace toujours.

De toute mon affection, je priais pour ma sœur : « Qu'elle guérisse ! Qu'on ne l'opère pas ! Et puis, il faut que j'y aille. »

Ce devait être plus que grave puisque je vis arriver une amie à moi, dépêchée par la famille. J'obtins un congé (je l'aurais pris). Par Amiens, Rouen, Caen, par des relais de cars que je subis, haletante d'appréhension, nous arrivons à Tracy-Bocage. Il y avait du mieux. Et un mieux qui s'était produit, crus-je comprendre, à l'heure où j'avais prié.

Je rejoins les Boulot à Calais pour cette période de Noël qui, sauf à Beauvais, m'a toujours réussi. Gros succès. Le public se rue pour me voir, et surtout pour me voir peindre. Je vends. Je reçois des fleurs (en provenance de Nice), des petits cadeaux, une mantille, des dentelles.

Malheureusement, il fait froid, un froid de canard qui pique et me transperce, souvent exposée au vent. Je tousse. J'ai attrapé un rhume. Pis peut-être. Je dois avoir de la fièvre. Oui, sûrement. Ça va mal. Si mal, au bout d'une semaine, que les frissons ne me quittent guère; une douleur me persiste dans le dos. C'est dur, alors, de garder le sourire, de pivoter, de peindre, signer, vendre, remercier...

Mais les entrées ne faiblissent pas. Il faut que mon état devienne franchement alarmant pour que, le 15 janvier – pas avant – mon vieux ménage se résolve à appeler un médecin. (Au fait, ce sont mes amis les R... qui les y contraignent presque).

J'ai une forte fièvre. Ce médicastre va me lanterner quelque temps en me diagnostiquant une coqueluche. Finalement, mes amis obtiennent de me faire transporter à Caen pour consulter un spécialiste. Je ne suis pas près d'oublier le coup d'œil que me jette celui-ci au sortir de ma radioscopie :

– C'est plus grave que vous ne pensiez. Mademoiselle a des cavernes. Il faut qu'elle entre à l'hôpital. Et le plus tôt sera le mieux. Je lui signe un bulletin d'entrée.

– Tuberculeuse ?

– ... Le mot est gros. Mais... Mais...

Chapitre 30

Tuberculeuse ! J'avais grandi dans la terreur de cette affection, une des trois têtes de « l'Hydre ». Il ne manquait plus que cela ! C'était complet. L'hôpital est pour moi un cauchemar, le local où les pauvres finissent dans la misère et l'abjection. Je voudrais consulter mes parents; mais le docteur affirme qu'il y a urgence. Mes amis aussi me poussent; ils y ont des relations; ils viendront m'y voir. Je suis faible, je souffre. Je tousse, avec des sueurs la nuit. Tous les symptômes fatals que j'ai relevés dans le dictionnaire de médecine. On est fin février; la pluie. Ma maigreur, mon manque d'appétit. Suis-je en danger ? Peut-être, à en juger par la figure de ma sœur qui m'a rejoint, et de mes amis qui ont l'air de porter le diable en terre.

… Mon séjour à l'hôpital ? J'en écrirais là-dessus des pages !

Une chambre de douze phtisiques. Rien que des femmes, naturellement; la plupart âgées, et les plus jeunes plus proches encore de la tombe. Alors, c'étaient sans que j'y insiste, la saleté, la hideur sinistre que dégage le quasi-abandon au voisinage de la fin. L'immense majorité de ces malades étaient condamnées et on ne le leur cachait guère.

Le docteur – dont j'ignorais le titre –, qui dirigeait ce service, était un « maître » buté. Sur son examen d'une radio, il avait décrété :

– Pneumo.

Je voulais moins que jamais mourir. Tant un moral d'acier continuait d'habiter ma défroque. Ce mardi matin, on tenta de me le faire, ce pneumo. Il rata.

– Tu as de la veine ! me dirent certaines.

Mais d'autres.

– Alors, tu es foutue.

Germaine venait me voir chaque jour :

– Comment te sens-tu ?

– Pas bien.

– Le pneumo, ils vont te le refaire ?

– Si je reste ici, je suis morte.
De son côté, le professeur :
– N'insistez pas. Vous y passerez comme tout le monde.
Le soir d'après :
– Si vous nous quittez, je ne vous donne pas trois semaines à vivre.
Je ne songeais qu'à cela, les quitter. D'autant que ma sœur me rebattait chaque jour les oreilles de la guérison miraculeuse d'un certain facteur.
Finalement, comment s'y prit-elle ? Quelle raison mit-elle en avant pour m'obtenir mon exeat ?
Peut-être spécula-t-elle seulement avec raison sur le peu de goût qu'ont les hôpitaux à voir s'enfler leurs statistiques nécrologiques.
On me relâcha. Le dernier mot, rogue, du docteur fut :
– A vos risques et périls.

Chapitre 31

Loin de moi de mésestimer la médecine et la chirurgie classiques, qui font tant de prodiges ! Je venais de lire *Corps et Ames* avec un naïf enthousiasme pour le talent de Van der Meersch. Plus tard, je lirai *Les Hommes en blanc* avec une ferveur analogue, mais le sentiment que leur auteur dépeint avec plus de justesse les servitudes et les grandeurs de son beau métier.
Toujours est-il que je rentrais en piètre état à Tracy, mais convaincue que j'allais m'en tirer grâce à l'ambiance du foyer et à une vie saine. Et je ne pouvais pas disparaître avant d'avoir fait quelque chose. L'histoire de la guérison de ce facteur me trottait aussi en tête. On me fit rencontrer l'homme. Il recopia à mon intention le traitement qu'il tenait d'un Révérend défunt, un certain « traitement Raspail » qui consistait essentiellement en inhalations de camphre jointes à de la suralimentation. Mettrons-nous aussi mon amélioration – comme c'est le cas presque toujours – sur le compte d'un moral qui re-

montait en flèche ? Au bout de six jours, ma fièvre avait quasiment disparu. Je repris six kilos dans le mois. Le printemps ranimait toutes les sèves. Je ressuscitais, ainsi que je me l'étais pronostiqué.

Ma consolation, c'était d'avoir découvert, au logis, une créature... qui aura compté dans mon existence. Furax, bâtard d'un épagneul et d'une ratière, noir à poil frisé, une tache brune autour de l'œil, semblait m'être prédestiné. Il m'attendait. Je l'attendais. On aurait dit qu'il me reconnut, tant, du premier jour, il adopta l'immobilisée.

Faisons un bond. Mai 1940. C'est alors que ce coup de tonnerre auquel nul chez nous ne s'attendait... Le front vient de craquer vers Sedan. Tout le monde affolé, même les chefs. Les Allemands, leurs tanks d'enfer... A quel train cela pousse, cela progresse ! Les voilà à Saint-Quentin, croit-on comprendre. A Amiens ! On entend le canon. Et bientôt, ce sont les réfugiés de Belgique et du Nord, par masses. Que les avions italiens déciment. Et enfin, nos pauvres soldats, par groupes de six ou de dix, parfois sans fusils, sans sacs, sans commandement, désemparés.

Et moi, que vous prendriez pour une fille de courage, le croirait-on, abattue, en proie à une de ces terreurs paniques qui ont ravagé mon enfance et que j'espérais ne plus connaître.

Parce que, au hasard de bouquins, j'ai lu que ces Allemands forcenés, qui ont le culte de la force et se décrètent les héritiers des Spartiates, s'ils n'ont pas recours au Taygète, ils se débarrassent sans hésiter de tout ce qui leur paraît « inférieur » : des Juifs, des nègres, et aussi des infirmes, des amoindris. Alors, si je leur tombe sous la patte, mon compte est bon. Balles, pendaison, ou sabre. Moi qui n'ai pas la moindre envie d'interrompre la course précaire que Dieu m'autorise ici-bas. Alors, je tremble, je tremble... Je voudrais qu'on s'en aille. Mais où ? Les Allemands, ces Huns ! Si au moins je pouvais me sublimer en martyre ! Je relis *La Légende Dorée* que m'a prêtée Catherine. Mais les saintes n'ont pas peur comme moi.

Quelle crispation dans mes entrailles le jour où les premiers chars ennemis défilent sous nos fenêtres ! L'un d'eux s'arrête. Des hommes verts ! Ils entrent. Nous hébergeons des réfugiés de Maubeuge. Est-ce pour eux.. Ou est-ce moi qui suis repérée ? Non. Ils ne nous réclament que de l'eau.

Chapitre 32

Je ne vais pas vous faire ma petite histoire de l'Occupation. Moins sombre qu'on ne s'y attendait. Dès le mois de septembre 1940, nous devons, une fois de plus, changer de gîte, notre propriétaire nous reprenant sa ferme. J'ai vu mon père pendant des journées, pâle, multipliant les recherches. Tout était trop grand, trop cher pour les « pauvres » que nous étions devenus. Pour finir, nous échouons dans cette habitation de deux pièces au rez-de-chaussée, deux au premier, située dans le bas de Jurques. C'est toujours dans ma zone natale. Nous connaissons presque tout le monde. Les gens me témoignent quelque sympathie. J'ai récupéré. Je suis solide. Séparée à regret de ma remorque que les Allemands auraient réquisitionnée et que nous camouflons au fond d'un garage de Cahagnes. Je vais commencer à travailler sérieusement.

Un travail bien banal, hélàs ! Presque pas de peinture véritable; de la décoration sur bijoux, ceintures, foulards, sur garniture de robes. Que n'ai-je davantage innové, à cette époque, pour satisfaire une clientèle avide de fantaisie. Il y a de l'argent dans la commune.

Et puis, il y a la Résistance qui s'amorce, sympathique, où les miens ne s'inscrivent pas, par ignorance, mais avec laquelle nous sympathisons de toutes nos fibres.

Chapitre 33

Nul dans le pays, à ma connaissance, n'imaginait le débarquement imminent, autrement que comme une gigantesque partie de gloire et, pour ainsi dire, de plaisir. Les Allemands étaient à bout. L'armement et l'aviation des alliés les surclassaient, les écrasaient. On s'attendait à une sorte de renouvellement – en sens contraire – de l'invasion de 40.

Dans la nuit du 5 au 6 juin, tout le monde à Jurques se dit : « Ça y est ! » Bombardement furibond, ininterrompu sur la côte, à quelques cinquante kilomètres. Les Allemands surgissent de partout, infanterie, camions, chars. Mise en place de leur D.C.A. Elle attire la foudre. Dès les 10 heures, des appareils britanniques, bravant les tirs, nous survolent. Leurs projectiles s'abattent dans le haut du village. Faut-il se terrer dans les caves ?

– A quoi bon ? Aucune cave d'ici ne tiendra.

Je tremble sans discontinuer, surtout que les occupants viennent s'abriter dans la cour. Que les bombardiers américains les repèrent, et...!

On dit que quatre maisons, dans le haut du bourg, on été volatilisées.

S'en aller ! Quelques heures plus tard, on s'y résout. Les Agnès, propriétaires d'une ferme située en dehors de la bourgade, à environ un kilomètre, nous invitent – et pas nous seulement – à trouver asile chez eux.

Nous partons, sommairement chargés, par un petit chemin (on fuit la grand-route). Nous, ça veut dire aussi Germaine qui nous a rejoints depuis une quinzaine, et le cousin Georges, gentil garçon qui va être notre assistant en ces terribles jours.

Ce séjour dans la maison des Agnès se prolongera des semaines. On est une bonne vingtaine, cantonnée au petit bonheur dans une promiscuité que je hais, entendant bombes sur bombes s'abattre sans trêve sur Jurques avec des retentissements qui nous secouent dans nos tréfonds. Ma sœur et mon père et Georges se risquent de temps en temps au village, en rapportent, en brouette, nécessaire et superflu. Pourvu qu'ils ne soient jamais surpris par ces arrosages de foudre qui éclatent sans préavis ! Nombre de tués, paraît-il, parmi ceux qui n'ont pas eu le temps de partir.

Le 20 juin nous apprenons que notre maison a été touchée. « Pas très gravement », nous avise papa d'un ton qui laisse des doutes.

On n'est pas trop sevrés de nourriture, chacun ayant apporté – ou allant rechercher en vitesse – celles des denrées périssables qui n'ont pas encore péri. Pendant ce temps, je reste en permanence dans la tranchée.

Des semaines s'écoulent dans une atmosphère d'ennui tragique, jusqu'à ce 22 juillet où les autorités allemandes – la Kommandantur – qui fonctionnent comme si de rien n'était, donnent avis, ou plutôt, ordre à la population française qu'elle ait à émigrer le 24 sous peine d'être fusillée... Dans quelle direction ? L'Orne, c'est tout, nous fait savoir le maire qui tiendra son rôle jusqu'au terme, avant de filer en auto.

C'est donc l'exode. Et on est pourtant vainqueurs, car, si on peut démêler du vrai entre les bruits sugrenus, contradictoires, qui nous balaient, ce sont bien les Allemands qui battent en retraite. Devant les Alliés, pas d'erreur ! Caen serait délivré, Cherbourg assiégé. Mais qui aurait cru qu'il faudrait plus de quarante jours à des vainqueurs pour progresser de quelques heures.

Le 23, papa s'est rendu une dernière fois à la maison pour achever d'enterrer les objets auxquels on tient le plus, si on tient encore à quelque chose? Papa, reparaissant, a un air... Un frisson d'angoisse me traverse :

– Et Furax ?

Le brave petit Furax est parti tout à l'heure avec lui, gaminant, bondissant, virevoltant, comme il fait chaque fois que les bombes ne l'aplatissent pas.

– Furax ? Mais où est Furax ?

Papa ne répond pas. Il s'assied, prend sa tête entre ses mains. Je le considère sans plus parler. Mes yeux se fixent sur ses doigts d'où, tout à coup, perle une grosse larme.

– On l’a tué ?
Il fait signe que oui.
J’ai murmuré que cela valait mieux.

Chapitre 34

Notre exode, à nous Normands, n’aura guère laissé de traces dans la littérature de guerre. Il n’en aura pas moins été, autant que nul autre, cruel. Georges menait le cheval à la bride et les autres, toute la troupe, se traînaient par les chemins raboteux en direction approximative de ce département de l’Orne. Ce qui m’affectait le plus c’est que, depuis que nous avons quitté notre chez nous, moi qui, dans l’existence courante, rendais tant et tant de services, je ne me sentais plus qu’un poids mort.

Trois jours et nous aboutissons enfin, dans ce département assigné, en un village – Lonlay-l’Abbaye – où, au dernier moment, nous échouons dans une demeure de grand style, presque un château, dont la propriétaire nous regarde de haut en bas, comme des romanichels.

La famille – nous cinq – est planquée dans une grange, litière de foin et seau d’eau. Réfugiés, isolés des autres, on ne sait rien. Pas de radio sauf toujours quelques postes clandestins que guettent, avec des imprécations, les Allemands qui sont toujours les maîtres. On est coupé de tout l’univers, et moi plus que tous, car, bientôt, lorsque les bombardiers alliés nous rattrapent à coups de marmites, le premier soin de Georges, le matin, est de m’emporter loin de notre remise, de me planter dans cette tranchée où je vais moisir périssant de soif… et de rétention jusqu’au soir (de temps en temps, Germaine vient me soulager et me nettoyer).

Il fait une chaleur intenable. Quand le soleil frappe, il terrasse. Je cuis sans rémission dans mon jus, avec l’impression d’être emmurée vivante.

Des bombardements de plus en plus intenses sur Lonlay-l’Abbaye. Cinq maisons de brûlées sur huit. Des lueurs crépitantes, de nuit. Je suis comme sortie de ma nature, si loin de m'associer à la rage de tels de nos compagnons souhaitant voir s'enflammer la résidence de la propriétaire sans cœur qui est partie bouclant ses serrures, ses verrous, ses volets...

Ensuite, la veille de notre « délivrance » (14 août), j'aperçois Georges qui dévale vers moi, les yeux exorbités, criant :

– Germaine ! Germaine ! Elle est blessée par une mitraille.

Je ne puis m'élancer vers elle, et Georges se refuse à m'y porter. Heureusement, les Canadiens et la Croix Rouge arrivent et l'emmènent. Où ? Nous sommes restés quinze jours sans nouvelles.

Germaine, Germaine, je répète son nom en prière, en litanie.

Dieu puissant, reprenez-moi plutôt ce qui me reste mais qu'elle guérisse !

Je ne suis pas à son chevet, ce qui me laisse inconsolable.

On est tellement à plat que c'est à peine si on se rend compte qu'on devrait faire la fête à ces Canadiens qui viennent, le 15, de nous libérer.

La vie a changé. Plus de bombardements, le ravitaillement s'améliore. Germaine a dû être opérée dans un de leurs hôpitaux de campagne, bien traitée par ces gaillards qui parlent un français à l'accent « normand ». Papa, pour calmer son angoisse, s'est mis à bêcher le potager de la propriétaire.

Après plusieurs semaines, sans nouvelles, Germaine est revenue nous surprendre... guérie. Mon Dieu, merci...

Des jours, des jours. Voici septembre. La victoire semble consacrée du fait que Paris est libéré. Paris ! Mais tant de morts, de ravages, de décombres. De honte. On n'effacera pas tout cela d'un revers de la main.

C'est seulement vers le 10 septembre qu'on apprend le Bocage purgé des derniers traînards allemands. Deux de nos compagnons d'exode, M. Marie et le fils Agnès enfourchent leurs bécanes pour se rendre à Jurques. En subsiste-t-il pierre sur pierre ? Notre maison ? Ma maison ?

Ils reviennent. Bonne nouvelle pour nous :

– Votre maison ? Heu... Habitable ! Elle a reçu quelques pruneaux...

On s'ébranle pour le retour, le 20. De nouveau, on m'a fait place dans la charrette. Quelle différence avec l'aller ! Ces deux étapes ont beau être épuisantes et, si l'on veut, démoralisantes parmi la campagne semée d'engins de guerre démolis, de dépouilles de chevaux et de vaches au ventre ballonné, qui empestent. Où sont les vrais parfums de nos herbages ?

Le 22, vers les quinze heures, on est aux premières habitations de Jurques. Lamentable ! Mais on s'y attendait.

Du dernier tournant, grand Dieu ! Notre Maison ! Mais non, elle n'est pas absolument détruite; ses murs restent debout en bloc. L'étage existe. Mais le toit pend comme une loque. Des trous, traces de balles, partout.

Mais la mienne ? Elle est en retrait. Peut-être épargnée.

Et mes yeux se dilatent. Je sens que je m'effondrerais. Tout à vau-l'eau ! Tout à zéro ! Moi qui, depuis si longtemps, me suis préservée de pleurer, des larmes sourdent à mes cils.

Cependant, il faut réagir. Et je dois glisser aux parents quelque chose comme :

– Tant qu'on n'est pas morts...

Chapitre 35

Notre plus mauvais hiver, suite lugubre d'une radieuse Libération ! Vous nous voyez recueillis chez une brave voisine assez mal portante d'ailleurs. Malheureux papa ! Sont-ce les fatigues et émotions qui l'ont miné ? Son âge ? Ce régime de privations que nous subissons depuis des mois ? Manque de vitamines. Une furonculose mal placée l'empêche de se tenir debout. Il est couché au premier étage. Qui le soignera ? Qui lui apportera son manger ? Maman, outre qu'elle est sous la menace de la seconde opération, a, elle aussi, le cœur usé. Alors, moi ? Sans prévenir personne, m'en fiant aux performances acrobatiques de mon jeune âge, je me juche sur la première marche de l'escalier, le dos au mur. Un tour de reins, ça y est. Et la suite... Voilà ! Je crie :

– Maman, je grimpe encore comme un as !

Si bien que, désormais, trois fois par jour, c'est à moi de monter le petit plateau que je dépose à chaque marche, sur le degré supérieur. Le hic, c'est, une fois sur le palier, de me ressaisir du plateau et de me rétablir, vrai tour de force. Cela fait, je gagne le lit du malade, sur le derrière, à ma façon. Papa ne me voit jamais déboucher sans que des larmes ne lui brillent aux paupières, alors que c'est pouffer qu'il devrait.

Il se remet. C'est moi qui flanche. De la furonculose, à mon tour, de même origine sans doute. Novembre, décembre... Des gelées marquent ce début d'hiver 44. Comme nous avons un peu d'argent, la sagesse nous commande de prendre une petite bonne – Odette – pour nous aider.

Bon ! Maman pique une crise au cœur. C'est grave. Elle réclame un prêtre. Celui-ci vient. Et le docteur ? On l'attend une journée entière. Il ordonne solucamphre et digitaline. L'heure n'a pas sonné pour maman.

On sort très peu. Moi, jamais. Odette rien que pour le ravitaillement et pour jeter à la boîte les lettres que je continue d'écrire et dont trop demeurent sans réponse. Le sentiment d'être abandonnée. Presque pas de nouvelles de la famille, sauf de Germaine, ma sœur, à Caen. Rien de son mari, prisonnier. Rien de mon frère, éloigné. Si je travaillais ? Mais à quoi ? Qui songerait à me commander, à m'acheter quoi que ce soit ? Et ce qui fend le cœur, c'est de constater que papa non plus...

– A quoi bon ? Répète-t-il, les épaules basses. Tout est foutu.

Pourtant non! Son vieux ressort lui revient tout à coup. A son âge! Il se remet à la seule besogne qui lui dise : le déblaiement de notre pauvre logis. Je m'y fais amener un matin. Des plâtras, des vitres brisées, du gravat partout. Notre vieille horloge normande et les chaises pulvérisées. Il pleut sur les rares meubles qui restent. Tout pillé, mes armoires criblées, mes cahiers de notes déchirés, mes photos gisant en un paquet éventré parmi mes flacons d'encre brisés, mes couleurs épandues à terre... Seule, sur la cheminée, une cigogne en verre filé, bien droite sur ses pattes, intacte, préservée, elle la plus fragile, avec moi.

– J'y arriverai, prononce papa.

Il s'y colle, comme il dit. Le froid empire. Quand on pense que le Gulf Stream ne passe pas loin! Maman tousse sans répit, ce qui fatigue son cœur. Les nuits sont atrocement pénibles. Notez que nous n'avons pas de lumière, à part des bougies, qu'on ménage, et une lampe Pigeon dont la fumée prend à la gorge. Au petit jour, papa descend allumer le feu de bois de l'étroite cheminée, et s'endort souvent sur une chaise.

Quand réintégrerons-nous notre home ?

Vers mars, je m'entends avec le menuisier pour qu'il s'attelle au gros des réparations. Qui règlera ? Moi, pardi, qui recommence à faire un peu de décoration pour les magasins souvenirs et pour les soldats canadiens qui, eux, s'acquittent plutôt en sucre, pâtes, cigarettes, pétrole.

Mais déjà le printemps fermente. Printemps de ma trente-cinquième année.

Le menuisier travaille à force, sous la surveillance débonnaire de papa. Maman, elle, sent se rapprocher le cauchemar de sa seconde opération (cataracte).

Avril. Pour que notre maison redevienne habitable à la rigueur, j'y emmène chaque jour Odette. Je lui fais nettoyer, remettre de l'ordre. Restituer la chaleur de la vie à cette demeure morte !

Mon frère Aimé reparaît inopinément. Mais Germaine est peut-être veuve de Pierre, prisonnier des Russes. Joie, en tout cas, de ce 4 avril où la vieille cuisinière est rallumée. Le bois y pétille. Nous avions convié maman à venir admirer. Son extase ! Et la seconde invitée ne sera autre que notre bonne logeuse qui vient de fêter ses soixante-quatorze ans.

Un peu plus de bonheur.

Et plus encore le 12 du même mois, qui voit Aimé convoler, après des fiancailles ultra-rapides, avec une belle campagnarde qu'il connaissait d'avant-guerre, brave et travailleuse comme lui.

Le train-train de la vie a repris. N'est-ce pas déjà beau ainsi, d'avoir récupéré son foyer ? Mes parents vivent. J'espère les garder. De la chance ! Je me remets à gagner notre subsistance, et même plus.

Fin des hostilités le 8 mai. La France renaît. Elle a de l'espoir, des ambitions, un but. Et toi ?

Chapitre 36

Printemps 1945. Le temps était revenu des marrainages pour nos soldats, affrontant en Allemagne les plus durs combats. La châtelaine de nos environs me fit entrer dans un Comité où j'eus la fortune de recruter non moins de trente-deux « marraines ». Moi-même dus bien prendre un filleul. Or, une de mes amies, Loulou, m'arrive les yeux rouges :

– Disparu, le mien. Mission dangereuse... N'est pas rentré.

– Disparu ne veut pas dire que...

Elle semble inconsolable.

Sur quoi, je lui en donne un autre... qui ne reviendra pas, lui, de la poche de Royan.

Que faire ! Elle hérita du mien, qu'elle me présentera, en juin, comme son fiancé. Ils sont heureux.

En juillet 1947, je suis ravie de pouvoir accepter une invitation à Mers que me font ces réfugiés hébergés par nous en 1940. Le problème des parents à s'occuper est assez délicat. Rien d'alarmant d'ailleurs à leur propos. Maman a la vue qui diminue. Le médecin répond de son cœur. Une amie vient les aider.

Cette expérience a rafraîchi mes idées de Deauville et Rouen. L'été à la mer, c'est là que je peux, en deux ou trois mois, assurer peut-être mon année, et faciliter la vie de mes parents.

Chers parents ! Eux qui se sont penchés sur leur Poupette dont le ciel les avait gratifiés, et qui lui ont épargné tant d'embûches ! Maintenant, ce sont eux un peu mes enfants. Cela remue, de les entendre, à chaque moment, murmurer :

Le jardin de Mamie

Les fleurs réjouissent le cœur

– Consultez Denise. Qu'en pense Denise ?

Heureusement que notre gentille Odette est là, car je roule un grand projet qui commence à prendre forme : Riva-Bella.

Le 30 mai, c'est un dimanche, nous avons deux amies de Paris. Maman se plaint d'une douleur dans le bras droit; c'est moins inquiétant que dans le gauche. Le lendemain matin elle paraît mieux, sommeille un peu. Germaine vient pour la journée. Légère crise vers les onze heures. Le docteur prescrit une piqûre de solucamphre et des gouttes, quelques jours de lit, du bouillon de légumes. Ça ne sera rien.

Le soir, maman :

– Ma pauvre fille, va te reposer. Moi aussi, je crois que je vais dormir.

Je peins dans ma chambre jusqu'à minuit.

Tout à coup, la voix de papa qui hurle du haut de l'escalier :

– Denise ! Denise ! Ta mère est morte.

Elle s'est éteinte sans un gémissement. C'est ce qu'elle souhaitait.

Chapitre 37

Plus que lui ! Papa ! La bouée sur l'océan de ma solitude. Car, bien que j'aie tant d'amis agissant, et ma sœur, mon frère, qui font tout et plus que ce qu'ils doivent, je m'accroche à mon père, seul intime, seul confident de ma détresse et de mes élans intermittents depuis maintenant près de… Mon Dieu, j'aurai, l'an prochain, quarante ans.

Il est sans réaction, papa, lui si dynamique naguère. Il ne dit rien; il hoche mélancoliquement le front; il ne se rase plus tous les jours.

Un après-midi, je le retrouve assis sur sa chaise, qui pleure.

– Il ne faut pas, papa, tu sais: on s'est promis de ne pas…

– Ta mère n'est plus, me fait-il. Et toi, tu pars, que vais-je devenir ?

– Voyons ! Tu penses bien qu'il n'est plus question de Riva-Bella.

Pourquoi ne lui avais-je pas dit ? Il me semblait que cela allait de soi.

Cet été donc encore à Jurques, en cette maison qui arrive en fin de bail dans quelques mois. Nos ennuis de cette époque-là vont être causés par Odette. Nous devons nous séparer d'elle. Débutent les ennuis de service qui ne me quitteront plus, moi qui suis vouée à dépendre d'une personne à côté de moi.

Notre nouvelle propriétaire décline sèchement notre offre de rester chez elle encore cet hiver.

Un voisin nous propose de nous louer sa villa de Luc-sur-Mer. C'est la seule solution.

Pour papa, qui fléchit, ce transfert a quelque chose d'un nouvel exode. Bienveillant au maximum, le maire de Luc a mis à ma disposition la salle du Syndicat d'initiative où je me fais déposer par notre nouvelle bonne vers les onze heures et reprendre le soir. Quand je retrouve papa, un livre sur les genoux, au coin du feu, nous ne parlons que de notre home futur.

– On sera bien, dit-il, je m'occuperai du jardin. J'y ferai pousser des fleurs.

Ou encore :

– j'irai à la pêche. Tu n'auras plus besoin de travailler.

Il a du mal à se déplacer de fauteuil à fauteuil.

Henriette se marie et s'en va. Une autre la remplace, que nous ne pouvons garder que huit jours. Jenny lui succède.

Papa n'a plus l'air de s'intéresser à ses lectures, lui qui était récemment encore si curieux et si actif.

Le docteur me dit que cela paraît sérieux. Votre père… Voilà, il retombe en enfance.

– Mon petit papa, durant le temps de ton traitement tu devrais aller chez Germaine. Tu reviendrais… dans une quinzaine.

Déjà, il n'est plus avec moi. Ma sœur et Pierre viennent le prendre dans l'après-midi. Je me retrouve seule dans cette maison, au bord du désespoir. Seigneur, aidez-moi !

Chapitre 38

Une gouvernante... Je m'apercevais à quel point elle était indispensable pour moi, désormais privée de la petite assistance familiale. Clémence n'avait pas l'habitude de servir chez les autres. J'avais beau prendre des ménagements, son caractère, fantasque, devint vite atrabilaire. Je notai chez elle des signes de déséquilibre. Je fis tout pour la garder: mais la vie devenait impossible. Fin juillet, elle me fit part de son intention d'aller passer quelques jours dans sa famille... Elle ne revint pas... (Plus tard, j'appris qu'elle avait été internée pendant quatre ans...)

Je recrutais une jeune blonde en qui reposèrent un moment mes espoirs.

Ceux qui concernaient papa s'effritaient rapidement. J'avais de lui, tous les deux ou trois jours, des nouvelles par Germaine.

Ça tournait mal. Son reliquat de force et de raison déclinait. J'allais le voir chaque fois que je trouvais un voisin complaisant. Il m'apparaissait plus maigre et faible, les stigmates du mal sur son visage.

Il ne quittait plus guère le lit, s'y abandonnait... Pourtant non! Quand j'étais là, il faisait tout pour se lever, et me retrouver.

Fin août, la mort s'annonçait. Pierre vint me chercher.

Papa ne me reconnut pas. Il ne reconnaissait personne. Les yeux déjà vagues. Il s'éteignit le 1er septembre.

Avec lui disparaissait la dernière raison de vivre qui m'eût soutenue depuis deux ans. Ses obsèques eurent lieu à Jurques, la messe dans la baraque qui tenait lieu d'église depuis la destruction de celle-ci, l'inhumation dans le petit caveau que nous avions acheté pour maman. Beaucoup d'amis reparurent à cette occasion, me prodiguèrent des paroles et des larmes d'amitié. Sincères, certainement.

Je tins, ce jour-là, avec une énergie apparente. C'était encore l'été. Les bruyères en fleurs. O mon Jurques, mon pays de Cahagnes !

Le jour où je rentrai à Riva-Bella, Julienne m'informa que, décidément, il ne lui était pas possible de vivre dans une ambiance aussi triste, et que j'eusse à lui trouver une remplaçante pour le 15.

Ça recommençait.

Cette question du service, j'y reviens nécessairement. On me dit que pour les femmes du monde et bourgeoises, c'est le principal souci. Alors, pour moi, sans que j'y insiste...

Des numéros incroyables. Léone, quarante ans, d'origine italienne, encore à demi belle, mais qui avait dû faire un fâcheux emploi de sa beauté.

La belle saison revenant, elle me quitta, non sans marquer quelque regret.

Après elle, ce fut une Lyonnaise d'âge mûr, nerveuse, taciturne... Assez vite, je remarquai la senteur d'alcool qu'elle dégageait. Une fois, elle entra dans une telle fureur que je crus qu'elle allait me battre.

Il y eut Alice dans les mêmes âges, arrogante, acerbe, méchante.

On devine si cela faisait bien, dans la bourgade, cette séquelle de domestiques qui me claquaient la porte en me dénonçant comme invivable.

Par un fait exprès, les affaires étaient des moins florissantes. Se lassait-on, c'est possible, dans le rayon d'alentour, de ma production ? Pas plus que moi de décorer éternellement des foulards et des ceintures.

Quel printemps ! Le souffle de la mer, parfois avec ses gronderies sauvages, ne m'apportait plus de consolation, mais comme des reproches de colère.

Qu'étais-je venue faire loin de mon Bocage dans cette ville engourdie dix mois de l'année, où je ne possédais pas d'amis ?

J'écrivis de tous les côtés, entre autres à Sainte-Germaine, à Paris, d'où il me fut répondu qu'on n'y acceptait que des malades. Je n'étais pas malade. Ailleurs, partout, je me heurtais à des fins de non-recevoir froidement administratives : j'étais trop jeune, non mutilée de guerre, pas malade – cette tare sans remède. Seul, l'hospice était pour moi, qui me faisait horreur.

Des contacts que je conservai avec diverses associations, je déduirais ce qui, je le crains, je le crois, demeure vrai, c'est que la société dépense énormément d'argent et de soins pour rééduquer les handicapés de diverses origines, notamment guerre et polio, mais qu'ensuite, elle ne fait pas grand chose pour les assister dans la vie. J'ai connu, depuis, un jeune homme de vingt-trois ans, ex-polio, qui, mis théoriquement en possession d'un métier, mais sans capital ni soutien, n'a jamais pu l'exercer, et s'est suicidé.

Ma dernière petite bonne, Alice, qui m'avait servie pendant la saison, me manifesta à son tour le désir de retourner à Paris.

C'était, figurez-vous, la date où un regain d'espoir commercial venait m'habiter. J'ai dit que les commandes s'étaient raréfiées; mais, depuis quelques jours, des amis m'avaient mise en relation avec un voyageur de commerce, un homme âgé, sympathique, qui se déclarait grand partisan de mes travaux.

A sa troisième visite, après qu'il eut copié la longue liste de ce qu'il emportait, il se leva et vint s'accoter à mon bureau :

– Savez-vous, Mademoiselle, que vous me plaisez beaucoup ?

– Pas plus que mes tableaux ? fis-je en riant.

– Ne plaisantons pas. Vous êtes une femme. Savez-vous ce qui serait gentil ? Ce serait que je vienne passer parfois une vraie soirée avec vous.

Comme je me taisais, il reprit :

– Samedi ?

Je lui dis :

– Dommage, cher monsieur. Mais c'est que toutes mes soirées sont prises.

Etais-je donc destinée à ne rencontrer que des êtres vils ? Seigneur ayez pitié de moi !

Chapitre 39

Ce n'est pas un conte de fée...

1959. L'ex « petite artiste sans mains » vous accueille dans son studio, situé au rez-de-chaussée d'une rue relativement claire, dans un quartier populeux. Elle a pris de l'âge; mais elle ne regrette de sa jeunesse que ses parents.

Son studio, c'est un atelier, partie de l'agréable logement dont elle est propriétaire. Elle y travaille, de préférence la nuit, et uniquement à sa peinture. Les murs de son atelier sont revêtus d'une profusion de toiles – rien que des fleurs, des prairies, des arbres – la nature qu'elle aime. Quatre murs de paysages de France lui versent leurs ondes de beauté. Même ce sous-bois aux grands hêtres, où s'infiltre une clarté du couchant, passablement lugubre. C'était il y a quelques mois, lors de l'exposition qu'elle faisait – avec un collègue – à Barbizon. Lui, alerté par l'incendie qui ravageait les fourrés, l'avait laissée pour quelques minutes. Elle n'a pas pris de croquis. Ce coin de chemin où les ténèbres pesaient dangereusement sur le jour, elle l'a « retrouvé » dans la nuit, par les yeux de l'esprit. Elle l'a reconstitué de mémoire: elle y tient; elle l'a refusé, l'autre jour, à un marchand.

Car des marchands la fréquentent. Des directeurs de galeries l'estiment : celui de l'ex-Galerie Dutertre, celui de la Cimaise de Paris, boulevard Raspail, ceux de la Galerie Cambacérès. Des critiques, les Barotte, les Carlier, les Robert Vrinat, etc., des directeurs de revues tels MM Chabanon et Pierre Imbourg, M. Trabujo, M. Irénée Mauger; d'éminents « patrons » dont, notamment, MM Massié et Raymond Cogniat, qui l'ont honorée d'achats pour le compte de l'Etat ou de la ville de Paris.

Certains viennent la voir. Elle peint. Elle se voue à sa passion. Elle vit, en partie des mensualités que lui versent ses amis de Strasbourg, la Société d'Edition des Peintres de la Bouche et du Pied, en partie avec ses tableaux pour qui elle trouve acquéreurs et, à Paris et en province, même à l'étranger – prodige ! – à Florence, patrie de l'art où un musée, la Casa di Danti, lui a acheté deux toiles en 1957 et 1958.

Pour pouvoir respirer à toute heure, pour être apte à accueillir tant de visites qui lui chauffent le cœur, son actuelle « mammy », qui l'accompagne au cours de ses fréquents voyages, est la femme la plus solide, sûre, discrète, qu'il fallait.

Des visites, oui. Les plus diverses. Ceux qui survivent, de sa parenté : sa sœur, qui débarque parfois de Caen et son frère Aimé, de Cahagnes, son oncle René. Des amis qui s'intéressent à son art, depuis l'extraordinaire sculpteur Bartelletti jusqu'à ses camarades Druss, Danti, Mme Barat-Garas, Latès, Masson et tant d'autres. Des sympathisants, des écrivains, des courriéristes. A vrai dire, ce ne sont pas tant là ses fréquentations courantes.

Mais élite encore préférée, ceux qui, de partout, accourent souvent vers son home, abandonnés ayant besoin d'un service ou d'un renseignement.

Heureuse ? Peut-elle être heureuse ? Mais qui l'est ? Malheureuse ? Non ! Quel philosophe a écrit que « s'oublier était le secret de la sagesse et du bonheur ».

Chapitre 40

En janvier 1952 (époque où je vivotais juste) me parvient de Marseille, une invitation d'un père de famille qui désire me faire connaître sa fille, à laquelle je montrerai comment je suis parvenue à écrire, à coudre et à peindre. Découverte, là, d'une douce amie, Marie-Angèle, avec laquelle mon intimité ne cessera plus malgré l'éloignement. Entrée en contact avec Lucien Valgalier, délégué local des Paralysés de France. C'est lui qui me donne l'idée d'une exposition à Marseille.

Il me faut soumettre mes toiles à un « grand critique d'art ». Quelle épreuve ! Je revois ce pontife, faisant défiler mes toiles sans en retenir une seule. Attérée ! Mais il paraît que c'est son plaisir de faire trembler les artistes. Finalement, il m'en choisit seize, qu'un encadreur accepte de mettre gracieusement sous baguette. L'avenir m'apparaît soudain doré autant que le Vieux-Port sous le soleil.

Les Normands de Provence me fêtent à leur banquet de fin de mois.

Est-ce que je fais des progrès ? Je continue à transcrire la nature telle qu'elle m'apparaît.

Nouveau déplacement, à Marseille. Exposition – plus importante – dans le salon de l'Hôtel Imbert. Ma petite amie de l'an passé n'est pas là; mais les parents d'une fillette infirme moteur – ravissante – m'invitent et m'adoptent.

De retour à Riva, un soir, on toque à ma porte. Ce sont, perdus de vue depuis quinze ans, de vieux amis ayant parcouru la presse :

– Vous, Denise ! On vous croyait morte. Nous avons un commerce à Bagnoles. C'est là que vous devriez...!

Tope-là ! Bagnoles devient mon centre pour cet été et les suivants. Je suis chez moi à l'hôtel de la Terrasse, où j'exposerai par deux fois. M. Couapel, des Paralysés de France, ce journaliste de la Ferté-Macé, maint autre supporter s'arrangent pour me faire inviter, me mettre en lumière. A Argentan, le sénateur-maire, M. Meillon, fait l'acquisition d'une de mes toiles pour son musée. Peut-on croire ça !

Cette saison de 1952 me fait un bien inimaginable. Ma ténacité m'a servie. Le ciel récompense le mérite.

C'est pourquoi, lorsque, fin novembre 1954, je me présentai au rendez-vous que m'avait fixé M. Marcel Guillet, gérant de la Galerie Dutertre à Paris, je ne me rappelle plus de qui étaient les toiles exposées ce matin-là, dans cette salle, et que mon prédécesseur commençait de décrocher pour faire place. Un coup d'œil me suffit. Elles me stupéfièrent, tant elles se découvraient vivantes, libres, originales, inspirées de normes nouvelles. Tandis que moi... ! A côté d'elles, mes pâles productions m'apparurent soudain telles qu'elles étaient :

– Non, monsieur, excusez-moi. Je me retire.

– Comment !

– Je ne me rendais pas compte. Je ne suis pas mûre !

– Evidemment, vous avez besoin de travailler.
– Travailler ? Je travaille. Mais je comprends que ce n'est pas ça.
– Vous avez là des choses agréables.
M. Guillet déballait mes tableaux, les examinait, les retournait :
– Vous aimez la nature.
– Ah ! oui. Mais, monsieur, je ne sais pas la rendre. Je ne pourrai sans doute jamais.
– On peut ce qu'on veut, me dit M. Marcel. Et vous, justement...

Chapitre 41

M. Marcel Guillet m'avait, pour finir, décidée à lui laisser mes « meilleures toiles ».
– Vos fleurs. Vous avez de bonnes couleurs. Evidemment, vous fignolez trop.
Le lendemain matin, à 11 heures, sa salle a changé d'aspect. Quoi ! C'étaient mes tableaux accrochés dans ces cadres choisis avec goût ! Je repensais à cet artisan de Marseille qui déjà...
Cela n'alla pas mal. Une galerie de Paris vous amène des critiques. Des personnages que jamais je n'avais espéré approcher. Fox Movietone prit une séquence. Durant cette quinzaine, je vendis de nombreuses toiles. Des articles. Mais presque tous les journalistes y allaient du couplet fatidique : « Une artiste sans mains ni pieds expose... » Ce ton me déchirait. Ce n'était donc pas une qualité d'artiste qui était appréciée.
Je décidai de faire retraite. Après divers déplacements en province, notamment à Marseille qui devenait mon second port d'attache et où ma petite amie – destinée, hélàs à disparaître vite – m'appelait, me voilà retirée à Riva, où je travaillai tout l'hiver.
Ah! Travailler ! Je remâchais ce que m'avait dit ce « vrai peintre ». Non plus étudier des « traités », non plus apprendre

par cœur, comme je l'avais fait jadis, celui d'Edmond Harreux. Mais travailler par moi-même, sur moi-même, en moi-même, en cette solitude où, cette fois, je découvrais une jouissance.

En mars, un vieil antiquaire, qui passait pour s'y connaître et qui m'avait naguère acheté une aquarelle, vint me demander un renseignement.

Son regard, depuis un instant, semblait attiré par mes toiles. Il s'en approcha.

– Qui est cette Denise Legrix ?

– Mais c'est moi.

– Pas possible !

Il se retourna vers moi :

– Dites donc, ce n'est pas reconnaissable ! Ce n'est pas de la même personne.

A la Galerie Dutertre, qui venait de changer de nom, devenue Galerie Apollo (rue de Maubeuge), même chanson. M. Marcel Guillet :

– Ah! Que je m'en serais voulu de vous laisser partir !

Ce client :

– Qui est-ce qui expose là ?

– Mais c'est Denise Legrix. Elle a déjà, rappelez-vous, en octobre dernier...

– Comment ! C'est bien elle qui peignait avec sa bouche ? Je n'aurais jamais pensé qu'elle serait arrivée... Bravo !

Et cela devenait courant d'être achetée par des clients ignorant que j'étais l'auteur.

Au cours de ces expositions, des visiteurs me suggérèrent d'écrire ma vie.

Oui ! Mais que dire ?...

Tous, alors, me répondaient : « Votre expérience pourrait tant apporter à ces parents ayant un enfant avec un handicap physique. »

Alors. Je commençais à écrire...

Qui j'aimerais être ?

La radio ! Que je dise mon admiration, mon « envie ». Oui, voilà qui je voudrais être ! A l'endroit de ces animateurs qui tiennent, à des postes célèbres, ce rôle de « bienfaiteurs publics », dont l'institution fait honneur à notre âge. J'ai écrit plus haut de quel apport la radio m'avait été dans la carence intellectuelle de mon adolescence. Elle m'a révélé une partie de la littérature et la musique des Wagner, Debussy, Prokofief, Fauré. Les émissions dont j'étais la plus friande, ce sont celles placées sous le signe, ne disons pas de la charité, mais de la compréhension humaine, preuves que notre civilisation n'était pas aussi férocement matérialiste qu'on le croyait.

Je me suis aperçue que tous les postes à ma portée – et sans doute tous les postes du monde – mettent sur pied des émissions de cette facture, et qui sont des plus écoutées, confiées à des hommes que j'ai appris à connaître et à aimer. Michel Ferry – qui se tait, pourquoi ? – et son successeur Robert Amadou à « Vous êtes formidable », André Lampe et Pierre Vignal à *« Dix millions d'auditeurs »*, Clara Candiani à *« Les Français donnent aux Français »*, Roger Bourgeon à *« Le Rêve de votre vie »*.

DEUXIÈME PARTIE

Tout est espoir

Non, ce n'est pas une illusion, un trop beau rêve ! Il est là, devant mes yeux. Bien visible et, je serais tentée de le dire, bien vivant !

Qui donc ? Mon livre ! Mon premier livre !...

Depuis quelques semaines, il a accaparé tous mes instants et toutes mes pensées.

Les projets d'avenir tourbillonnent autour de moi. Il me semble que ce livre me protégera désormais contre les difficultés de la vie, et Dieu seul sait combien j'en ai éprouvé jusqu'ici !

Les lettres sont plus abondantes encore que les « coups » de téléphone, et aussi encourageantes.

La critique – que je redoutais tellement – réagit magnifiquement, d'où ventes nombreuses en librairies. Mon éditeur doit faire face à des demandes de réassortiments, de « rassorts », qui viennent de tous les azimuts de la France.

Je suis littéralement submergée ! Que faire ?

Je ne veux à aucun prix que mes réponses soient banales. Dans chacune de mes lettres, je veux qu'on entende battre mon cœur, ému et douloureux.

Certes ! Je suis bien placée pour le savoir, ce monde abrite d'infinies misères, d'autant plus pénibles que la plupart d'entre elles restent cachées ! Mais j'ignorais encore qu'il y eût tant de personnes handicapées physiques dont rien ne soulage la situation affreuse.

Déjà un projet germe en mon esprit... Il est encore informe. Mais, plus tard...

Pour le moment, je n'ai pas le temps d'y réfléchir sérieusement car mon livre m'oblige à faire face aux journalistes, aux interviews, aux séances de signatures, etc.

Christiane Givry, rédacteur en chef à Radio-Luxembourg, vient me trouver à la sortie de mon livre, et m'annonce qu'il est proposé pour le Prix Albert Schweitzer. Ce prix se veut essentiellement d'émouvoir et d'intéresser un vaste public au sort des diminués physiques de toutes catégories, et à suggérer comment leur venir en aide, aussi bien moralement que matériellement.

En cette année 1960, le jury du Prix Albert Schweitzer est présidé par Jean Rostand, et les délibérations ont lieu au Palais d'Orsay. Dans un salon, j'attends l'ultime décision. Attente éprouvante, les minutes sont longues, longues.

La porte s'ouvre. Aux regards de ceux qui entrent, je devine l'heureuse nouvelle. Mais voici Jean Rostand... Oui, c'est bien moi la lauréate! Emotion de joie! Et c'est comme dans un rêve que me parviennent ces mots lors de la présentation de Jean Rostand:

« Elle est la preuve vivante de la suprématie de l'esprit sur la matière. »

Je ressens la plus grande joie de mon existence... Une joie qui me serre le cœur et fait battre mes tempes... Mon bonheur va plus loin que ma personne. Je sais qu'invisibles et présents m'entourent, à cette minute, mes parents vivants, mes frère et sœur comme aussi tous mes amis. Ce n'est pas seulement moi qui vient d'être récompensée, mais l'immense « famille » avec un handicap physique.

Après la fièvre journalistique une nouvelle surprise m'attend. On me demande de donner des conférences... Parler en public! Je commence par refuser, mais on me rétorque que j'ai déjà surmonté l'épreuve des micros. Alors ces conférences serviront la cause de mes amis ayant un handicap.

Je suis angoissée mais je ne puis plus me dérober. La salle est louée. C'était à Blois.

« Vous verrez! Ce sera un grand succès. »

Quand on me porte sur l'estrade, devant le micro, mes oreilles bourdonnent.

Voilà venu mon tour de prendre la parole.

Les premiers mots sortent difficilement de ma gorge serrée. Avec une anxiété panique, je scrute ces visages dont les regards sont fixés sur moi. J'y lis tant de sympathie que je m'enhardis peu à peu. Les mots arrivent plus aisément. J'avais préparé des notes qu'on a posées devant moi. Je ne les

« La peinture, c'est le soleil dans ma vie … »

Couleurs d'automne

consulte pas, mais parle d'abondance de cœur. A mesure que les minutes passent, un courant magnétique s'établit entre tous ces amis inconnus et moi-même.

Je n'aurais pas tant de courage si je parlais que de moi. Mais je fais vibrer mon auditoire en leur décrivant les misères de tant de personnes avec un handicap, et ce sont eux qui parlent pour, par mes lèvres.

Machinalement, je regarde l'heure. Est-ce possible? Aurais-je parlé pendant plus d'une heure?

« Vous avez été formidable! » me glisse le président de séance.

Les applaudissements confirment son jugement.

Par toute la France, je prends désormais la parole. Partout, je trouve un auditoire sympathique. Maintenant, je suis entraînée et possède bien mon sujet et les conférences me fatiguent moins. Il en est tout autrement des indispensables déplacements. Le train me rend malade, et certains conducteurs d'auto me donnent le vertige.

Par la force des choses, je suis constamment par vaux et par chemins. Pendant que des paysages inconnus défilent devant mes yeux, je réfléchis, et ma mission, mon apostolat se précisent. Depuis que je sais que je me dois plus aux autres qu'à moi-même, j'avance contre vent et marée vers un but bien défini, dont les étapes se dessinent de plus en plus nettement à mesure qu'elles se succèdent.

Je suis certaine que la pire erreur consiste à laisser la personne avec un handicap dans son état, et la rendre en quelque sorte « différente » par notre « indifférence ». Il faut que, dans la société, elle se considère et soit considérée comme tout individu responsable de lui-même et devant les autres. Il ne faut pas qu'on le place sur une voie de garage, en disant: « Il n'y a rien à faire... » Il y a toujours quelque chose à tenter! Ne serait-ce que de donner le plus grand des biens qui est la dignité.

« Au commencement est l'action », dit Faust. Je n'ai pas une minute à moi, tantôt devant mon chevalet, tantôt écrivant moi-même ma correspondance, ou préparant quelques tournées de conférences. Je fais partie de comités, de commissions; on me demande des rapports... On me signale constamment des cas terribles qui exigeraient une solution immédiate.

Je me suis heurtée à des difficultés, des incompréhensions, de l'hostilité ! Ce qui aurait pu être obstacle m'a, au contraire, galvanisée. Jamais je n'ai regardé l'adversité avec autant de courage, et jamais je ne me suis sentie aussi « costaud » que lorsque gens et circonstances se liguent contre ma mission.

« Dieu aide... »

Un couple heureux

Si j'avais pu deviner qu'il s'agissait que de papotages, je ne me serais pas fourvoyée dans cette réception. L'ami qui m'avait conduite s'ennuyait autant que moi. Nous échangions des regards qui exprimaient discrètement notre envie de nous éclipser, mais un coup de sonnette... Une nouvelle visiteuse... Une jeune femme blonde, d'une trentaine d'années, qui, bien que s'appuyant sur deux cannes de Scnick, paraissait alerte et (son sourire l'attestait) enjouée.

Sa venue, je le reconnais, fit passer une certaine gêne parmi les valides. S'en aperçut-elle ? En tout cas, elle s'assit près de moi et, sans plus faire attention aux autres personnes présentes, me dit à mi-voix :

« C'est la Providence qui a ménagé cette rencontre. Depuis la publication de votre livre, je souhaitais vous rencontrer. Et voilà, je suis montée par hasard... Quelle chance ! Mais on ne peut pas avoir une conversation sérieuse au milieu de ces perruches... Si vous veniez chez moi, quel plaisir vous me feriez ! Je vous présenterais à mon mari et à notre fille... »

Elle me donna son adresse et j'appris qu'elle se nommait Mireille R...

Comme je lui avais présenté Georges, mon accompagnateur, il voulut l'aider à sortir du fauteuil où elle était assise. Mais elle avait repris ses deux cannes et demandait, dans un sourire :

– Voulez-vous avoir l'amabilité de caler mon pied avec votre chaussure ?

Quand Pierrette l'eut raccompagnée, la conversation reprit avec animation. Cette courte visite avait sensibilisé les invités. Ils s'animaient, parlaient tous à la fois, ce qui représentait beaucoup de sottises simultanées, car notre hôtesse expliquait :

« Mireille est une victime de la guerre. Tout enfant, elle a été blessée à la colonne vertébrale par un éclat d'obus, d'où sa paralysie atrophique des jambes. Son infirmité ne l'a pas empêchée de faire de brillantes études. Elle est professeur dans un cours par correspondance, et donne aussi des leçons particulières. Elle est mariée, mère de famille... Elle est heureuse et gaie. Jamais je ne l'ai entendue se plaindre de son sort.

– Mariée ? Mais avec qui ? s'indigna le solennel barbu.

– Avec un autre handicapé physique. Et ils font, je vous l'assure, un excellent ménage. Ils sont heureux tous trois.

Le vieux monsieur ricana :

– Heureux ?... Enfin comme on peut l'être quand...

Mireille habite au dixième étage d'un gratte-ciel de la banlieue Est. Un couple ami eut l'amabilité de m'y conduire. L'ascenseur était vaste, et ce fut la maîtresse de maison qui vint nous ouvrir en fauteuil roulant. Tout de suite, elle insista pour me ramener elle-même, moi et ma chaise. Interloqués, vaguement inquiets, mes amis nous quittèrent donc, après avoir admiré le décor simple et charmant où vivaient Mireille et ses deux « chéris ».

Comme j'en félicitais ma nouvelle amie, elle me répondit :

– Oui, nous nous plaisons ici. Nous avons choisi des meubles pratiques... pour nous. La moquette constitue notre principal luxe..., mais elle est très utile, presque indispensable pour mon mari. Quant à moi, dès que je suis rentrée *at home,* je ne quitte plus ce fauteuil roulant où je me repose de la fatigue.

Virevoltant avec une vivacité et une sûreté extraordinaires, Mireille me fait les honneurs de son appartement. J'aime particulièrement la cuisine dont tous les appareils sont « fonctionnels ».

Un coup de sonnette nous interrompt. Je fais la connaissance de Christine, dite Kiki, cinq ans, qu'une camarade un peu plus âgée a, exceptionnellement, ramenée de l'école. Kiki ressemble à sa maman. Elle est blonde, remuante et extrêmement bavarde. Elle regarde cette dame inconnue dont sa maman lui a déjà parlé.

– Tu vois, Kiki, Denise n'a pas de jambes, mais tu verras tout à l'heure comme elle se déplace sur sa chaise...

Kiki me fixe du regard profond des enfants attentifs.

– Pas de jambes ? Ç'a n'a aucune importance, conclut-elle gravement.

Puis elle demanda :

– Je vais jouer, maman ?

– Si tu veux, mais pas avant d'avoir approché le bar.

Avec soin, Kiki pousse vers nous la table roulante.

– Porto ou jus de raisin ? demande Mireille

– Raisin, avec plaisir. J'ai une soif...

– J'apporte la glace ? demande une petite voix provenant de la cuisine.

– Mais oui !

Confidentiellement :

– Kiki a la responsabilité « frigidaire »... elle est tellement sérieuse pour son âge et si réfléchie...

Les glaçons sont apportés, et je suis servie par la blonde enfant. Puis Kiki s'esquive pour revenir quelques secondes plus tard, portant des pailles.

– Ce n'était pas nécessaire, Kiki ! Tu peux boire sans paille...

– Ce n'est pas pour moi, c'est pour la dame...

Je suis touchée aux larmes de cette attention que bien des adultes n'auraient pas eue.

Un bruit de clef dans la serrure :

– C'est papa !

La porte à peine ouverte :

– Papa, viens dire bonjour à la dame !

Nous rions et « papa » me demande :

– Que dites-vous de l'éducation des « parents par les enfants » ?

– Elle est sûrement valable dans certaines circonstances... mais pas aujourd'hui !

– Veux-tu boire quelque chose, mon chéri ?

– Dans un instant. Auparavant, je vais enlever ce harnachement ! dit-il en montrant d'un geste ses jambes prisonnières de l'appareil qui lui permet de rester debout tout en s'appuyant sur des béquilles.

Aussitôt que son mari est passé dans la chambre voisine, Mireille dit à mi-voix :

– En ce moment, il souffre beaucoup. Je me demande comment il peut tenir toute une journée. Ses pieds sont affreusement enflés quand il rentre.

– Pourquoi ne prend-il pas un congé de quelques jours ?

– Parce qu'il ne veut pas qu'on puisse croire « qu'il tire au flanc ». Il a tant d'amour-propre professionnel ! Il est si courageux !... Un de ses chefs lui disait dernièrement : « Demandez donc à votre voisin de prendre vos pièces au lieu de vous déranger vous-même. » Il a répondu : « Il faut garder cela pour le jour où je ne pourrai plus me déplacer...

– ... Je suis sûr que tu papotes déjà !

Paul était auprès de nous et nous avait surprises car nous ne l'avions pas entendu revenir.

Il se tenait en effet accroupi sur ses talons et, pour se déplacer, prenait ses chevilles dans ses robustes mains, et faisait ainsi avancer alternativement chaque pied.

– Veux-tu un raisin, Paul ?

– Oui, sers-moi. Je vais à la cuisine voir ce que fait Kiki...

Au même instant, on entend la voix cristalline de Kiki :

– Maman, j'ai faim !

– Oui, ma chérie, tu vois, avec cette visite, j'en oublie mon devoir de...

Elle n'a pas le temps de finir sa phrase que Paul annonce d'un air comique :

– Madame est servie !

Alors, nous passons à table.

– Que votre cuisine est jolie !
– Elle est fraîchement peinte. Je l'ai terminée samedi, remarque Paul. Ce fut un rude travail… surtout le lessivage. Ce n'est pas commode de se tenir en équilibre en haut d'une échelle. J'ai aussi laqué les « éléments ».
Comme je reste stupéfaite, il a un rire heureux et m'explique :
– J'ai trafiqué l'escabeau à ma façon.
Sa femme précise :
– Et tout cela le soir, après son travail !
Kiki descend précipitamment de sa chaise en disant :
– Oh ! Maman j'ai oublié ton eau.
Elle court au frigidaire et dit avec gravité, en ouvrant largement la porte :
– Qui n'a pas encore remis le beurre à sa place ?
L'éclat de rire général ne la déconcerte pas :
– Vous ne faites jamais attention !
Le repas s'achève gaiement.
Ensuite, nous passons au petit salon où Mireille donne parfois des leçons particulières. Je conclus :
– Votre bonheur fait plaisir à voir. C'est réconfortant de constater une fois de plus que la volonté peut venir à bout des plus grands obstacles.
– Comme c'est vrai ! approuve Mireille. Lorsque je me rappelle les années passées, pendant lesquelles nous avons, Paul et moi, subi tant de traitements médicaux et connu des alternatives d'espoir et de découragements après chaque essai négatif !… Je n'ai cependant jamais désespéré parce que mon métier d'enseignante me donne la certitude de pouvoir faire face… Mon mariage fut imprévu…
Paul ajoute :
– Je puis en dire autant. Dès l'instant où je fus assuré de ma vie, je fus sauvé : j'échappais à la hantise de tant de handicapés : j'avais presque autant d'indépendance que les autres ! Le travail et le mariage sont les préoccupations de tous, qu'ils se l'avouent ou non…
– Pour nous, ce fut « pesé », précise Mireille en riant, « pesé

et réfléchi »! Nous nous connaissions depuis deux ans et nous étions devenus de bons camarades. Un jour, en raison de son travail, Paul partit en Provence et son départ ne me troubla pas. Je suis allée dans l'Est où j'ai mes parents, et c'est au cours de vacances que Paul et moi nous nous sommes retrouvés. Nous avons alors décidé de nous marier à l'automne.

- Autrement dit, vous bénissez ces vacances providentielles…

– Mais, vous-même, où allez-vous en vacances ?

– Aussi invraisemblable que cela paraisse, je ne vais guère en vacances – de vraies vacances !

– Alors, cet été, venez avec nous ! Nous partons en voiture, donc pas de problème, et nous séjournons dans un logis vaste et de plain-pied. Je peux vous aider pour tout ce qui est indispensable. Chaque jour, je vous emmène peindre en pleine campagne. Pendant ce temps, je tricote.

Je reste muette de joie et saisissement. C'est la première fois que l'on m'invite à passer des vacances familiales !

– Vous paraissez surprise, dit Mireille. Pourtant, je vous assure que c'est tout à fait réalisable.

– Nous serions si heureux de vous avoir près de nous ! insista Paul.

C'est tellement inattendu que je ne sais comment dire ma gratitude.

Kiki, qui était assise sur la moquette, se lève pour me faire voir ses images « bon-point », puis le découpage qu'elle a collé pour la Fête des Mères.

– Et si tu allais te déshabiller ? dit Mireille. Tu reviendras dire bonsoir pour faire voir ton pyjama à Denise.

Quelques minutes plus tard, Christine reparaît. Elle se pelotonne dans les bras de son père assis dans un fauteuil.

– Tu vois comme mon pyjama est beau ? Il est tout soie, précise-t-elle.

Mireille la taquine :

– Oh! tu ne l'aimes pas ce vilain papa…

– Si, je l'aime ! répond Kiki. Il est si beau, mon papa chéri…

Je contemple ce couple heureux. Leurs regards chargés d'amour enveloppent tendrement leur petite Christine qui, après nous avoir embrassé tous trois, regagne sa chambre en emportant son Nounours.

Paul me demande :

– Vous aimez les enfants ?

– Oui, beaucoup !

– Vous avez des neveux ?

– Non, mais de nombreux cousins, ainsi que des filleuls... Et aussi quelques amis qui me prêtent leurs enfants ! C'est mieux que rien ! Plutôt que de me replier sur moi-même, je me console en aimant les enfants des autres.

Ouvrir son cœur, c'est aimer la Vie.

« Lane Bryant International »

Exceptionnellement, ce matin-là (avril 1963), mon courrier était moins abondant qu'à l'ordinaire. J'étais fatiguée par une tournée de conférences et aussi par des soucis domestiques. J'ouvris machinalement les enveloppes et ne jetai que des regards distraits sur une douzaine de lettres, analogues à celles qui me sont adressées quotidiennement.

Je gardai pour la fin une enveloppe au format allongé, timbrée d'un bureau de poste de Passy, et dont l'adresse, portée au verso, ne me disait rien.

Dès les premiers mots, mon cœur battit très vite. Une de ces intuitions que je reçois fréquemment me dit que ce court message était d'une importance extraordinaire, et qu'il allait modifier – heureusement - mon existence.

Madame Raoul Michaux – Américaine de naissance mais Française par mariage –, après m'avoir fait quelques brefs compliments, me suggérait de poser ma candidature à une récompense hautement appréciée dans son pays d'origine : le Prix Lane Bryant du dévouement. Elle me promettait son appui total et efficace, et m'annonçait toute une documentation sur cette fondation, documentation que je reçus en effet quelques heures plus tard.

Aussitôt après avoir pris connaissance de cette correspondance, je remerciai chaleureusement Mme Michaux et, ensuite... les choses allèrent très vite.

Je dois une particulière reconnaissance à Jean Rostand et à Madame Béatrice Dussane, qui multiplièrent des interventions en ma faveur. De son côté, Mme Raoul Michaux fut l'aide la plus persévérante et la plus amicale.

Quelques semaines s'écoulèrent... Le 4 octobre 1963, je reçus une lettre timbrée de New York. J'étais la lauréate choisie pour cette année !

Dans une ambiance fièvreuse, je dus multiplier les formalités, les démarches, les prescriptions sanitaires.

On me recommandait d'être élégante : « Vous devrez changer de robe plusieurs fois par jour. Vous serez littéralement mitraillée par les cinéastes et les photographes de presse, sans oublier la T.V. ! » (Il paraît que je fis bien, car les journaux new-yorkais louèrent ma discrétion vestimentaire).

Malgré les encouragements de mes meilleurs amis, ce baptême de l'air ne me disait rien qui vaille.

Mon départ fut fixé au 18 novembre, à dix heures, à l'aérogare d'Orly.

Notre voiture est autorisée à dépasser l'habituel parking. Un fauteuil roulant m'attend. Ainsi suis-je transportée dans le hall immense et bruissant. Par instant, le ronflement des Jets secoue les panneaux de verre. Ma curiosité dissipe mon appréhension. Je savoure cette ambiance merveilleuse que je découvre.

Enfin me voici bien calée dans le fauteuil du Boeing dont j'apprécie tout de suite le confort. Après une attente qui me semble longue, les réacteurs sont allumés, l'avion frémit... L'hôtesse de l'air a un visage sympathique. Pendant les quelques heures de vol, elle me comblera d'attentions.

Simone, mon accompagnatrice, me glisse des regards anxieux. Jusqu'à maintenant, elle a crâné. Mais, à l'ultime instant, elle est prise d'une terreur panique qui, d'ailleurs, cessera bientôt.

Après avoir roulé de plus en plus vite sur la piste, le Boeing décolle. Rapidement, il prend de l'altitude. Dans la cabine règne un calme merveilleux. Je me sens bien. Les traits de Simone se détendent. Elle me sourit.

Je suis placée près d'un hublot. Après avoir traversé une couche de nuages épais, nous débouchons sur un infini ensoleillé. Le ciel est d'un bleu merveilleux, et, au-dessous de nous, les rayons du soleil dessinent un feu d'artifice silencieux.

Tout à coup, j'ai l'impression que nous n'avançons plus. J'interroge le steward:

« En effet, lorque nous atteignons l'altitude de trente mille pieds, on arrête les réacteurs qui donne l'impression de faire du « sur place ». Et pourtant, nous filons à mille kilomètres-heure ! » précise-t-il avec fierté.

Maintenant, il est dix heures vingt-cinq. Déjà, nous survolons l'Océan, et l'horizon est d'un bleu profond, moucheté de nuages diaprés. Le ciel est de plus en plus lumineux et je crois vivre un rêve.

Parmi les passagers, je soulève une curiosité sympathique qui augmente encore quand vient l'heure du repas. Mes voisins s'étonnent de l'aisance avec laquelle je mange seule. On m'adresse des sourires et des paroles amicales... que je ne comprends guère, mais dont je devine le sens.

Le café est servi. Je conserve le plateau qui a été posé devant moi et, pour échapper (autant que possible) à la curiosité de mes compagnons de voyage, je prends des notes :

« A une altitude de treize mille mètres, impression d'irréalité. Fascination causée par la lumière solaire se reflétant sur un désert de nuages. Eblouissement de pureté, d'infinitude... Il me semble que je suis transportée dans un autre cosmos... Il est, à l'heure française, treize heures cinquante... »

La lumière est tellement intense que le steward baisse les rideaux des hublots. Bientôt, nous survolons Terre-Neuve. Je distingue l'embouchure du Saint-Laurent... Et si tôt, si vite, l'hôtesse me signale les approches des Etats-Unis : Halifax, la Nouvelle-Angleterre. Puis le Massachusetts et Boston. Ces noms chantent dans ma mémoire : j'ai si souvent relu, quand j'étais enfant, l'odyssée des fathers pilgrims ou les exploits des premiers défricheurs.

La descente s'amorce. Bientôt, c'en sera fini de l'enchantement. En décrivant une courbe harmonieuse, notre Boeing survole la baie de New York. Déjà, mes voisins préparent leurs bagages à main. D'abord lilliputiennes, les constructions de Manhattan grossissent à vue d'œil. Je reconnais, ou crois reconnaître, le Bronx, Brooklyn, Long Island, Richmond, les gratte-ciel, la statue de la Liberté. Un virage sur l'aile se précise.

« Eteignez les cigarettes ! Ajustez vos ceintures ! »

Ma ceinture que je boucle seule, sans aide...

Le sol atteint en douceur... une course rapide... puis un arrêt sur la piste : nous atterrissons à Idlewid Airport, l'aérogare internationale du Queens. Quelque rapide aurevoir et good luck esquissés de la main, et mes co-passagers se précipitent hors du Boeing.

Ma camériste et moi-même restons à nos places. L'hôtesse se met gentiment à notre disposition. Mais elle n'a pas à intervenir. Déjà s'avance au pied de la passerelle un infirmier au brassard de Croix Rouge, qui pousse un fauteuil roulant. Il me prend dans ses bras. C'est un géant débonnaire pour lequel je ne dois pas peser plus lourd qu'une plume. Et – attention délicate – il parle français.

Comme dans tous les pays étrangers, le premier contact est établi par la douane qui, ici, est installée dans l'International Building. Je suis arrivée la dernière, mais spontanément, tout le monde cède la place à mon fauteuil roulant. Me voici devant un douanier galonné qui ne laisse pas à Simone le temps d'ouvrir la première valise que vient de porter un tapis roulant. Le custmer se refuse à regarder mes affaires; pose tout de suite des étiquettes sur nos bagages, tamponne des papiers et me dit quelques mots avec un accent nasillard du Texas. Je ne comprends pas, mais son sourire est éloquent. Avec chaleur, il me souhaite la bienvenue.

Pendant mon séjour aux States, je recevrai partout cet accueil cordial, pour ne pas dire affectueux, qui me laissera un souvenir que je n'oublierai jamais. Comme ils ont le don de vous mettre immédiatement à l'aise !

Une dame essoufflée me rejoint et m'embrasse :

« Je suis Mme Blanchenay. Mon mari est président de l'*Alliance française* à New York. Je commençais de m'inquiéter, car je n'ai pas pu arriver à temps pour vous accueillir à la descente de l'avion. Mais – Dieu soit loué ! – je vois que tout s'est bien passé. »

Je lui dis combien chacun s'est efforcé de me venir en aide et combien j'y suis sensible. Alors le porteur intervient :

– Vous faites plaisir à moi…

Nous sommes rejointes par deux personnes qui me sont présentées comme étant mes hôtes durant mon séjour : Mme Corinne Latta, journaliste, et M. Klein.

Nous roulons vers New York qui n'est qu'à quelques miles. Le début du trajet est lent car les artères sont encombrées – plus encore qu'à Paris. C'est la banlieue ouvrière, avec d'innombrables maisons plaisantes mais banales, précédées de jardinets. Je sens tout de suite que la sympathie de mes nouveaux amis n'est pas feinte, qu'ils feront tout ce qui est en leur pouvoir pour me rendre mon séjour non seulement agréable mais aussi enchanteur.

Nous voilà dans la cité de New York, dont les avenues sont hérissées de gratte-ciel. Bien sûr, j'avais vu beaucoup de photos de ces buildings gigantesques. Je ne m'attendais pourtant pas à une pareille impression d'étouffement. Maintenant, nous filons vite, car la circulation est intense mais ordonnée. Je crois qu'il y a moins d'embouteillages qu'à Paris.

Après avoir contourné Central Park, la voiture stoppe devant le Plazza, un des plus luxueux palaces de New York.

« Ce sera votre domicile pendant une semaine, précise Mme Blanchenay. Puissiez-vous vous y plaire et en garder un bon souvenir. Si la moindre chose clochait, prévenez-moi immédiatement.

Précaution affectueuse mais superflue. Non seulement durant cette semaine féérique rien n'a cloché, mais j'ai vécu dans un luxe, un raffinement dont je n'avais jamais soupçonné l'existence auparavant.

Notre appartement est situé au douzième étage. Par deux baies vitrées, je découvre la perspective de Central Park. Tant d'arbres et de verdure au milieu des gratte-ciel... Les Etats-Unis, pays des contrastes !...

Une magnifique gerbe de roses sur un guéridon et, traduit en français, le programme des diverses manifestations auxquelles je prendrai part. Programme qui tient plusieurs pages de lignes serrées ! Je retiens surtout : mercredi, conférence de presse vers quinze heures, et jeudi – le grand jour – remise du prix, suivie d'un banquet.

Mon premier soin est d'expédier des câbles pour rassurer mes parents et quelques amis particulièrement chers. Je frissonne, j'ai mal à la tête, l'épaule gauche me fait mal... Dès que j'ai enlevé ma cape, j'ai la confirmation visuelle de ce que je craignais. Avant de m'envoler, j'ai dû me soumettre – comme tous les voyageurs – à des vaccinations. L'un des vaccins s'est enflammé... Réaction normale, sans doute, mais qui n'est pas moins douloureuse et disgracieuse.

Madame Blanchenay est revenue près de moi, nous aidant à déballer et à ranger nos affaires. La vue de mon épaule rouge et enflée l'affole beaucoup plus que moi. Elle téléphone... Bientôt, une infirmière apparaît, portant une boîte blanche marquée de croix rouges. Malgré mes protestations, elle m'enduit l'épaule d'une pommade blanche épaisse. L'on m'avait recommandé expressément de ne rien mettre sur les pustules si le vaccin prenait !

Je tombe de fatigue. Corinne Latta s'en aperçoit :

« Tous les voyageurs sont pompés le jour de leur arrivée. C'est la conséquence du décalage horaire, qui est de huit heures entre la France et l'Amérique. »

Pourtant, ma première journée ne fait que de commencer. Pourvu que je tienne jusqu'au bout !

Mon aimable hôtesse me quitte : « Je reviendrai vers quinze heures. »

Un bain me délasse. Je vais m'étendre quand le directeur du palace, précédé d'une énorme corbeille de fruits, se fait annoncer. Il multiplie les amabilités et met à ma disposition un interprète qui, en effet, s'exprime dans un français impeccable.

Vers cinq heures, Mme Blanchenay vient me retrouver. Je lui demande de me conduire sans tarder dans un centre qui m'a été signalé, et où des personnes avec un handicap sont soignées, écoutées, comprises et, dans la mesure du possible, remises dans le circuit.

Divers coups de téléphone. Enfin, ma nouvelle amie est en mesure de m'annoncer : « Demain matin, vous serez reçue à Hospital for special Surgery par le médecin-chef, le docteur B... »

A peine m'a-t-elle annoncé cette bonne nouvelle que je reçois le secrétaire général et une délégation de l'Alliance française. La conversation, enjouée, dure longtemps, et ce n'est que bien plus tard que je dîne et que (enfin !) je me couche. Mon épaule ne me fait plus mal, des comprimés ont enrayé la fièvre. A peine suis-je dans mon lit que je m'endors...

Au réveil, il me faut quelques minutes avant de « réaliser » le décor où je me trouve.

Le téléphone m'annonce la venue de Mme Blanchenay qui entre quelques minutes plus tard, accompagnée d'un géant débonnaire qu'elle me présente comme étant John, le valet de chambre. Désormais, le brave John sera, dans toutes mes pérégrinations, conducteur de mon fauteuil roulant. Pendant mon séjour, je n'ai eu qu'à me louer de son service empressé et de ses attentions délicates.

Le hall d'entrée du Plazza est vaste comme une cathédrale. Il est déjà encombré par une foule dense de grooms, de stewards, de voyageurs. Au passage de mon fauteuil, les groupes s'écartent discrètement, mais nul ne témoigne de surprise ou de curiosité indiscrète. Sans doute est-ce la conséquence d'une consigne propagée par la direction du palace. Je l'apprécie particulièrement. Rien ne m'est plus pénible que d'être regardée comme une attraction…

La même voiture qu'à l'aérogare nous attend. Un court trajet, et nous voici devant le porche de l'Hospital for special Surgery que je vais visiter. Je suis accueillie par l'infirmière en chef, Mrs Istel, qui, immédiatement, m'est sympathique. Elle est grande, distinguée, d'un calme communicatif. Elle parle un peu français.

C'est en sa compagnie que je visite les salles de rééducation. Des infirmes de naissance, des polios, des mutilés du travail ou de la route sont confiés à des moniteurs et monitrices qui les conseillent, les aident dans le maniement d'innombrables appareils de gymnastique passive. Les malades ont bonne mine et sont encouragés à considérer comme des jeux les divers exercices rééducatifs. On m'explique qu'on fait constamment appel à cette caractéristique de la mentalité américaine : l'esprit de compétition.

Je voudrais m'attarder auprès de divers appareils et m'en faire expliquer le fonctionnement. Mais le temps presse; je ne puis avoir qu'une impression d'ensemble. Je constate que les salles sont vastes, lumineuses, luxueuses même, qu'il règne partout un état optimiste, pour ne pas dire joyeux.

Quelle différence avec tant d'hôpitaux sordides dont la visite m'a serré le cœur !

Onze heures sonnent. Le docteur B… m'attend. Il me reçoit cordialement et – quelle chance ! – parle parfaitement le français. Sur une chaise et, à sa demande, je fais la démonstration de la façon avec laquelle je me propulse. Je lui montre aussi, rapidement, comment je me sers, pour tous les usages courants, de mes deux tronçons de bras. Il me regarde avec autant d'attention que de sympathie.

J'ai le sentiment de passer un examen devant un professeur sévère et attentif. Quand je m'arrête se prolonge entre nous un long silence.

Enfin, le professeur B… tire ses premières conclusions :

« Vous n'imaginez pas combien cette démonstration m'a intéressée et troublée. Je n'aurais jamais imaginé qu'une personne avec un handicap comme le vôtre pût si bien tirer parti de ses moignons. »

On me permettra de passer sous silence les compliments sur ma volonté.

« Je me demande, reprend le docteur B…, si, parfois, nous ne commettons pas une erreur fondamentale en voulant à tout prix équiper de prothèses des enfants avec un handicap similaire au vôtre. Quelle est votre opinion ? »

C'est un problème que je connais bien, par ma propre expérience. Je réponds :

« Je crois que le rééquipement par prothèse, d'abord, est un cas d'espèce. Je pense que fournir à un handicapé des membres inférieurs artificiels, c'est lui donner une mobilité lui permettant, dans bien des cas, de retrouver une vie presque normale. Redevenu autonome, il est dispensé d'une tierce personne plus ou moins astreignante. Ainsi équipé, il prend confiance en lui-même et en la vie.

« Le problème se pose tout autrement en ce qui concerne les membres supérieurs. Pour moi, ces prothèses ne m'auraient sans doute apporté que fatigue et déception. Si j'avais eu des bras artificiels, peut-être n'aurais-je jamais appris les gestes utiles qui me sont maintenant familiers. »

Comme je vois que le docteur B… m'écoute avec intérêt et qu'il est prêt à partager mon point de vue, je me risque à l'entretenir d'un exemple que j'ai eu récemment l'occasion d'observer.

« Je connais une enfant née avec des bras plus courts que les miens. On l'a appareillée, ce qui la fit souffrir et lui enleva toute volonté de se débrouiller seule. A la demande de ses parents, je suis allée passer deux jours auprès d'elle. Quand je l'ai quittée, elle savait boire et manger, sans prothèse et sans l'aide d'une tierce personne. Elle l'avait appris rien qu'en me voyant agir. Je me propose de retourner régulièrement la voir, afin de parfaire cette rééducation.

« En revanche, je connais d'autres cas où les prothèses de bras ont rendu de signalés services, surtout chez des accidentés adultes. A mon avis, il faut essayer les prothèses et ne prendre de décision définitive qu'après mûres réflexions. L'important ? Que la personne handicapée garde confiance en elle-même. L'adaptation à la vie est, d'abord, une question de courage, d'émulation.

– Votre témoignage m'est extrêmement précieux. Serait-il indiscret de vous prier de nous consacrer encore un peu de temps, pendant votre court séjour à New York ? »

Je sais combien mon emploi du temps est chargé. Je sais aussi que ce rude climat me fatigue. Mais comment refuser un service à un savant qui consacre aux personnes handicapées le meilleur de lui-même ? J'accepte donc.

« Je vous présenterai un de mes collaborateurs qui est, à mon avis, le meilleur prothésiste d'Amérique. Vous lui donnerez de bonnes indications, j'en suis certain. »

Rendez-vous est donc pris pour la fin de la semaine.

Je regagne l'hôtel où je décachette quatre messages téléphoniques de journalistes new-yorkais me confirmant la conférence de presse que je dois tenir à quinze heures. Une lettre de l'ambassade de France à Washington me souhaite la bienvenue.

Je n'ai que le temps de déjeuner. Avant les journalistes, je reçois Mr Malsin, l'animateur de la fondation, qui me présente les deux autres lauréats qui vont recevoir un Prix Lane Bryant en même temps que moi.

Miss Moren, une Portoricaine fondatrice d'un centre familial pour enfants paralysés. Mr Gallati, directeur général de l'American Field Service, association qui organise des échanges internationaux entre étudiants et travailleurs manuels, en vue de fortifier les sentiments altruistes de la jeunesse.

J'aurais voulu prolonger l'entretien. Mais des journalistes attendent déjà dans le grand hall. Ils sont une quinzaine, accompagnés d'interprètes et de photographes. Je suis extrêmement intimidée, mais ma confusion s'atténue, puis disparaît, malgré le feu roulant des questions qui me sont posées. Leur discrétion me touche. Ils me parlent en « copains », ne prononçant aucun mot gênant ou indiscret, aucun de ces mots maladroitement cruels qui souvent me déchirent le cœur.

Il paraît que je m'en tire bien, puisque une seconde conférence est prévue pour le vendredi soir.

Après le départ des journalistes, j'ai la surprise et la joie de recevoir la visite impromptue d'un couple d'amis que j'ai connus en Normandie et qui, maintenant, vivent à Kesseville. Elle, Monique, est ma compatriote. Lui, est « American citizen ». Ils ont appris mon arrivée par la radio et ont parcouru plus de mille kilomètres, toutes affaires cessantes, pour venir m'embrasser.

Je ne sens plus ma fatigue tant je suis heureuse de cette rencontre. Monique restera auprès de moi les jours suivants et son mari me téléphonera souvent. Mais, d'abord, nous dînerons ensemble le lendemain, chez les parents de Kent, à Long Island.

Le lendemain, jeudi, c'est le Grand Jour ! J'ai à peine le temps de m'habiller et de prendre le petit déjeuner que les photographes me réclament. Je suis conduite dans un des grands salons du Plazza, où m'attendent tous les chasseurs d'images possibles et imaginables. Je suis éblouie par les spots et j'apprends combien il est difficile de sourire aimablement sous des lumières aveuglantes.

Le banquet commence à une heure. Trois cents convives y assisteront, dans la grande salle du Plazza. Une estrade a été dressée pour les lauréats et les personnalités. Les autres invités sont répartis par petites tables de huit couverts.

On m'installe entre Son Excellence, Monsieur Legendre, ambassadeur de France, et le directeur du *New York Herald Tribune*.

Dois-je l'avouer ? Le menu est banal. Mais je ne m'en suis souvenue que le lendemain ! Ce jour-là, je suis trop émue pour prêter attention aux vins et aux plats. Je mange seule, ce qui surprend M. Legendre qui se dépense pour me mettre à l'aise.

Enfin voici le dessert. Moment solennel où va avoir lieu la distribution des prix qui consistent, chacun, en un chèque de mille dollars et une plaquette commémorative.

Voilà qu'approche l'épreuve à laquelle je n'ai jamais cessé de songer depuis mon arrivée, et qui me cause une angoisse croissante à mesure que les secondes s'écoulent.

Chaque lauréat doit répondre. On ne nous confie le micro que durant quatre minutes et j'ai donc préparé un laïus qui ne dépassera pas ces deux cent quarante secondes.

C'est Miss Moren qui ouvre le feu, ou plutôt les écluses. Son exposé dure plus d'un quart d'heure, au désespoir puis à la colère du président qui, à plusieurs reprises, fait mine de lui retirer le micro. Mais rien n'arrête – sauf le manque de souffle – l'intarissable Portoricaine.

Enfin, c'est mon tour. Miraculeusement, mon trac s'évanouit dès la première phrase, et je ne dépasse pas le temps fixé. Notre ambassadeur a la bonté de me servir d'interprète et sa traduction est saluée par des salves d'applaudissements.

Monsieur Galatti, le troisième lauréat, prend place devant le micro. Lui aussi remporte un grand succès, ce dont je me réjouis, car il est sympathique.

Il est près de seize heures quand je puis murmurer : « Enfin seule ! »

On me monte dans mon appartement où je trouve deux magnifiques corbeilles de fleurs aux couleurs de la France.

Quelques heures de repos... bien gagné !

A vingt heures, sur la prière de Miss Moren, je me rends à un vernissage organisé dans une des plus belles galeries de New York, près de la Fifth Avenue.

On me présente le peintre, un Grec d'une trentaine d'années, amputé des deux mains après un accident. Notre mutuelle infortune crée tout de suite des liens amicaux, d'autant qu'il s'exprime avec un fort accent, en un français châtié. Il m'explique : « Après beaucoup de souffrance et une horrible crise de désespoir, j'ai fait face ! J'en suis arrivé à penser que ma double amputation est un « heureux malheur ». Quand j'étais intact, je n'avais qu'une modeste situation et aucune vie intérieure. Privé de mes mains, je ne pouvais exercer mon métier. Alors j'ai obéi – sans y croire – à un médecin qui me conseillait de « faire n'importe quoi » pour échapper au désespoir. J'ai choisi le dessin, la peinture. Ainsi, j'ai découvert ma vocation. Maintenant je me donne tout entier à mon art et les succès que j'obtiens dépassent toutes mes espérances. »

Je ne puis m'attarder aussi longtemps que je le voudrais. Mon emploi du temps est minuté. Kent et sa femme m'attendent au Plazza... où j'arrive en retard. Corinne Latta m'accueille, à ma grande et heureuse surprise. De si loin qu'elle m'aperçoit : « Hello, chérie ! Je vous croyais aussi crévée que moi, alors je suis vénoue pour vous ténir compagnie et vous êtes pas là, alors j'attends que vous reviendre ! »

Elle m'accompagne dans ma chambre et, tandis que je me change, elle m'explique : « Darling, le gentleman qui, au banquet, était en face de moi, a écrasé mes pieds avec son godasse. »... Minuit sonne. Je peux enfin me coucher. Mes yeux se ferment et je rêve...

Trépidante, la vie des Parisiens ? Allons donc ! C'est un modèle de calme, de sérénité en comparaison de celle que s'imposent les New-Yorkais.

J'eus tout juste le temps de déjeuner, de prendre mon bain et de m'habiller, qu'on m'annonçât Monsieur Klein.

Ce dernier venait me chercher pour une visite de New York avec un repas prévu dans un restaurant dont on lui dirait des nouvelles.

Après une sommaire visite de certains quartiers de New York, nous partons vers l'inconnu. Nous traversons une région boisée, presque déserte, aux futaies solennelles. Après un virage savant, Mr Klein s'arrête au bord d'un lac, devant le portail d'un restaurant dont le style étrange, ultra-moderne, me déconcerte.

La salle à manger ressemble au salon première classe d'un transatlantique. Aussi loin que porte la vue, les fenêtres – de véritables hublots – ne donnent jour que sur les eaux tranquilles du lac. Impression d'irréalité pleine de charme... Comment ne pas répéter avec Baudelaire :

Là tout n'est qu'ordre et beauté,
Luxe, calme et volupté...

Mr Klein avait eu la prudence de retenir une table dans ce sanctuaire assailli par la haute société new-yorkaise. Je m'essaie à répéter quelques mots d'anglais ou, plus précisément, d'américain. En contrepartie, mon hôte prend, d'Alexis et de moi-même, sa première leçon de français. « L'avouerai-je ? Nous ne sommes pas mieux doués l'un que l'autre, et il s'ensuit des éclats de rire, qui attirent l'attention de nos voisins. Ils me regardent, ils chuchotent. Je ne saisis pas ce qu'ils disent mais, à leurs mimiques, je devine qu'ils sont surpris que, « dans mon état », je puisse encore rire, m'amuser, plaisanter... Comment pourraient-ils deviner que la Vie me paraît constamment merveilleuse ?

Vient un plat spécifiquement new-yorkais dont je me régale : du crabe à l'ananas. Au second service, le « chicken-pie » tarde à paraître... On dirait qu'il se produit parmi les serveurs un désordre insolite qui va en s'emplifiant, faisant boule de neige.

Je vois le maître d'hôtel s'approcher de notre table; je l'entends prononcer quelques mots d'un ton pénétré. Mr Klein et Alexis deviennent livides.

« Le président Kennedy a été victime d'un attentat au Texas. La radio vient de l'annoncer entre deux émissions...

– Mon Dieu... Est-il sérieusement atteint ?

– Les détails manquent.

La salle reste maintenant silencieuse. En apparence, le repas continue, mais les assiettes repartent pleines. Soudain apparaît le directeur du restaurant. Il lance, d'une voix forte :

« The President is dead. »

Il ne cherche pas à dissimuler son émotion. Les convives se sont levés d'un bloc. Personne ne prononce une parole.

En moi-même, je me répète des versets de psaumes :

« Mon Dieu, prenez-le en votre garde... Acueillez-le auprès de vous... »

Chaque assistant semble atterré, comme s'il venait de perdre un parent.

La fin du repas est lugubre. Je demande à Mr Klein de rentrer directement à New York, au lieu de continuer la promenade comme il était prévu.

Au moment où je vais franchir le seuil du restaurant, une dame accourt, tenant à la main un livre, la traduction anglaise de *Née comme ça !*, désireuse d'obtenir une dédicace !

Comme l'atmosphère du Plazza est modifiée par le deuil national ! Me voici dans ma chambre. J'ai juste le temps de changer de robe avant de tenir la nouvelle conférence de presse inscrite à mon programme. Ce souci m'est épargné. Littéralement « dépassés » par le tragique événement auquel ils consacreront toutes les colonnes de leurs journaux, les reporters se décommandent.

La nuit est complètement tombée lorsque Corinne a le bon esprit de me rejoindre... Nous dînerons ensemble dans mon appartement.

Le service étant devenu très long, le directeur m'envoie un mot d'excuse. Je griffonne quelques lignes où j'assure à cet homme courtois que je comprends aisément un tel désarroi, et que je m'associe de tout cœur au deuil de la Nation.

Voilà sans doute l'alchimie véritable : transmuer nos maux en charité, en amour fraternel, en œuvres d'art... le plomb vil du quotidien des jours en Or resplendissant...

Retour à Cherbourg

La matinée du lendemain est consacrée à la visite d'une autre Fondation : l'International Society for rehabilitation of the disabled (Société internationale pour la réadaptation). Je croirais manquer à mon devoir en ne me rendant pas, malgré les événements, à ce rendez-vous fixé dès mon arrivée à New York.

Je suis reçue par trois éminents spécialistes, les docteurs Rusk, Cornelion et Pelosof. Ce dernier, en dépit de son nom slave, est d'origine française et parle donc notre langue à la perfection. Il y a les handicapés de naissances; mais la guerre, les accidents d'auto, d'avion, du travail, multiplient, hélàs !, le nombre des « disabled ».

Voici, devant les appareils d'une ingéniosité inconcevable, et sous la direction de moniteurs expérimentés, des adultes de tout âge, et même des personnes âgées ayant passé le cap de leurs soixante-quinze ans...

Voici encore une spacieuse nursery peuplée d'enfants qui m'attirent irrésistiblement. Là, je fais la connaissance d'un des plus éminents orthopédistes américains, William Tolsberg.

« Il faut tout tenter, tout mettre en œuvre afin de rendre leur autonomie aux infirmes, me dit-il. Pour moi, il n'y a pas de cas « désespérés ». Je suis parvenu à résoudre des problèmes d'appareillage que tous les autres orthopédistes avaient déclaré insolubles. Ainsi, en ce qui vous concerne, Mademoiselle Legrix, je crois que je pourrais... »

Il s'interrompt, stupéfait. Afin de noter son adresse, j'ai - sans aide, bien entendu – ouvert mon sac, extrait mon bloc-notes, décapuchonné mon stylo... et j'écris.

Que l'on me pardonne cette expression familière, mais Mr Tolsberg « en reste baba ».

Suit un long silence pendant lequel nous nous dévisageons. Je dois avoir l'air malicieuse, tandis que mon vis-à-vis semble déconcerté et pour ainsi dire atterré. Il murmure enfin :

– Pardonnez-moi... A vous voir si habile, si « autonome », je me rends compte que des mains artificielles vous gêneraient plus qu'elles ne vous aideraient. Je ne vois plus en vous une cliente, mais plutôt une collaboratrice, une précieuse collaboratrice.

William Tolsberg marque un temps, puis lance à brûle pourpoint :

– Pourquoi ne prolongeriez-vous pas de quelques mois votre séjour à New York ? Vous deviendriez mon adjointe...

Je remercie l'orthopédiste de la confiance spontanée qu'il m'accorde et j'objecte les obligations impérieuses qui me retiennent en France, spécialement à Paris.

– Dommage ! je suis persuadé que vous m'auriez apporté un concours inappréciable. Quelle incomparable collaboratrice feriez-vous ! Vous avez acquis une expérience personnelle qui me fera toujours défaut, malgré ma bonne volonté.

Pour regagner le Plazza, l'auto traverse le centre de New York. J'ai l'impression – n'est-ce qu'une impression ? – que le drame de la veille atteint le peuple américain au plus profond de lui-même. Les rues sont moins bruyantes, les véhicules roulent lentement, les visages sont soucieux, les gestes mesurés...

L'après-midi, je le consacre à la visite du *Museum of modern Art*. On me l'a annoncé comme étant le plus beau, le plus riche du monde. Maintenant je le crois volontiers. Je m'attarde devant les sculptures exposées dans le parc, le *Rockfeller Sculpture Garden*. Rodin... Bourdelle... Delpiau... Butler... Mes yeux ne se rassasient pas...

Je pénètre ensuite dans les salles consacrées aux grands peintres français. J'y trouve des chefs-d'œuvre que je ne connaissais jusqu'ici que par des reproductions : *La Bohémienne,* du douanier Rousseau; *Le Rêve,* de Manet; *La Flotille de Port-en-Bessin,* de Seurat; *Peupliers de Giverny,* par Monet; une esquisse de l'hallucinant *Guernica* de Picasso; des toiles de l'époque « tahitienne » de Gauguin.

Au sortir de ce musée, Corinne me dit :

– On ne quitte pas New York sans avoir parcouru le Cinquième Avenue. Nous vous y emmenons tout droit, ma petite Denise.

Un luxe prodigieux s'y accumule, dans cette Cinquième Avenue !

Nous faisons un détour pour nous engager sur le *George Washington Bridge,* pont colossal qui enjambe l'Hudson.

Le dîner qui m'est offert est succulent, et c'est avec quelques larmes furtivement essuyées que Monique et Kent me font leurs adieux. J'essaie de plaisanter pour cacher mon émotion :

– Ce n'est qu'un au revoir…

Hélàs, à quand ce revoir ? Dans six mois, dans un an, ou davantage ?

Le dimanche matin, j'avais fait le projet d'assister à une messe en la cathédrale Saint-Patrick. Mais j'apprends qu'une autre église est si proche de l'hôtel que je peux m'y rendre en fauteuil roulant.

L'après-midi est voué à la visite du Salomon Guggenheim Museum. Mis à part quelques Chagall, Bonnard et Braque, les noms de la majorité des peintres me sont inconnus. C'est là une bonne synthèse de l'art contemporain, et je suis ravie d'un après-midi aussi « enrichissant ».

Mes dernières heures sur le continent américain s'enfuient à une vitesse vertigineuse. J'ai parfois envie de murmurer : « O temps, suspends ton vol… » Pourtant, je suis partagée entre deux sentiments contraires. D'une part, la tristesse de quitter mes nouveaux amis, si délicats, si accueillants. D'autre part, la joie de retrouver bientôt ma patrie, ma famille, mon chez moi et mes pinceaux…

Corinne ayant appris que *Le Lys de Brooklyn,* ce prestigieux roman de Betty Smith, m'a émue, m'entraîne dans une visite du quartier mis en scène par l'auteur.

La vue du célèbre pont suspendu m'arrache un cri d'admiration. Construit à l'une des extrémités de Long Island, il réunit Manhattan à Brooklyn en enjambant East River.

– Il a été achevé en 1883, et les New-Yorkais en sont fiers à juste titre. Connaissez-vous le nom de son architecte ?

J'avoue mon ignorance.

– C'est John Augustus Roebling, qui en obtint l'adjudication des travaux. Au début de la construction, il fut légèrement blessé mais, mal soigné, mourut du tétanos.

Son fils, Washington-Augustus, poursuivit l'œuvre paternelle. Rien d'extraordinaire à cela, si l'on ne spécifie pas que

Washington-Augustus était totalement paralysé et ne pouvait quitter un lit mobile. C'est pourtant à ce paralysé que les Etats-Unis doivent l'une de leurs plus magnifiques réalisations.

C'est par mer et non par air que je retrouverai le « vieux » continent, comme on dit ici. L'embarquement est prévu pour aujourd'hui lundi, dans l'après-midi. Je passe la matinée à préparer mes bagages en suivant sur l'écran les émouvantes funérailles du président Kennedy.

Tous mes nouveaux amis, Corinne, les Blanchenay, MM Klein, Cook et Malsin arrivent après le déjeuner. Ils sont heureux quand je leur apprends que je consacrerai le montant du prix qui vient de m'être décerné au Centre de Montebourg, en Normandie, Atelier-Foyer modèle édifié pour toutes les personnes ayant un handicap.

Mr Klein me dit qu'il regrette profondément de ne pas avoir pu me consacrer plus de temps.

C'est sur le Bremen, magnifique transatlantique allemand, qu'une cabine de première classe nous est réservée, à Simone et à moi.

Avant de me quitter, Corinne m'a confiée à un colosse blond, Rudy, qui, durant cette semaine entre ciel et eau, prendra soin de moi et comblera mes moindres souhaits. Ce Rudy, un garçon très sympathique, comprenant le français et le baragouinant avec un épouvantable accent bavarois.

Le commandant a la délicatesse de m'offrir des roses accompagnées de ses vœux de bienvenue et d'une agréable traversée. L'infirmière-chef du Bremen vient s'enquérir si je ne manque de rien et si j'ai besoin d'aide.

Le Bremen doit appareiller à dix heures du matin. Vers huit heures, il commence donc à sortir de sa léthargie. Je ne résiste pas au désir de gagner le pont principal, après avoir appelé Rudy pour regarder l'activité du départ. Véritable spectacle !

Vers neuf heures, le tumulte s'apaise graduellement et ce qu'il en reste est dominé par le mugissement assourdissant de la sirène du Bremen. C'est fait ! Le Bremen frissonne et, insensiblement, s'éloigne du quai. A mesure que nous prenons de la distance, je découvre le véritable aspect du port... Manhattan, Brooklyn encore bien visibles... mais, plus loin, dans un halo bleuté, les gratte-ciel d'un New York qui disparaît.

Une longue jetée... Une exclamation qui surgit:

« La voilà ! » Elle, la statue si colossale et si renommée de la Liberté éclairant le monde.

Enfin la côte, traînée brune, se confond avec le bleu-vert de l'océan.

Vers midi, les convives arrivent, et Rudy vient me chercher pour gagner la salle à manger.

Après le repas, je regagne vite le pont-promenade. J'ai besoin d'air, d'espace, de calme: ici j'en ai à revendre.

La mer est calme. Le Bremen n'a pas l'air de bouger, je pourrais me promener seule avec ma chaise. J'ai toujours désiré faire une grande traversée. Aussi, je passe la plus grande partie de mon temps sur le pont. Aujourd'hui, la mer est plus vivante, plus véhémente. Le Bremen « bouge ».

Au dîner, Rudy me glisse, au moment du potage:

– Faut pas avoir peur si bateau, il danse cette nuit ! Solide, il est, le Bremen

Rudy avait raison: le Bremen danse et je danse avec lui, mais – et j'en remercie Dieu – je n'éprouve aucune crainte.

– Et vous, Mademoiselle, comment vous sentez-vous ?

Ce matin, j'aimerais bien aller sur le pont; la vue doit être splendide.

En effet, vu du pont, le spectacle est plus grandiose que je ne l'avais pressenti. Des vagues immenses déferlent contre le Bremen.

A table, nous sommes neuf, sur soixante-douze ! Mon voisin de table charge Rudy de me traduire « qu'il a beaucoup d'admiration pour la petite dame courageuse que je suis ».

Une telle réflexion me met en joie :

– Rudy, expliquez-lui que je ne suis pas spécialement courageuse ! J'ai le pied marin, voilà tout.

Mais le pied marin ou pas, je ne peux passer l'après-midi sur le pont. La tempête s'enfle d'heure en heure. Lorsqu'on m'apporte le petit déjeuner, je demande à Rudy s'il est possible de me conduire « là-haut ». Il me dit :

– Aujourd'hui, gros paquets de mer...

Plus tard, je demande à Rudy :

– Voulez-vous m'emmener dans la bibliothèque ? J'ai un peu froid maintenant.

... Oui, la vie reprend et d'autant mieux que, le samedi, la mer est d'huile. Le Bremen semble glisser sur un tapis d'émeraude.

Rudy me mène sur le pont :

– Regardez là-bas, la ligne sombre..

– La côte ?

– Oui, la côte... déjà !

Bientôt, le trait sombre s'épaissit et se dessine. Nous entrons dans l'immense rade de Cherbourg. Le *Bremen* ralentit. Il va jeter l'ancre pour une courte escale, juste le temps de notre débarquement.

Que dire des adieux, sinon que, le cliché courant, ce sont des adieux émus. Je suis touchée au plus profond de moi-même.

Grands gestes, grands envols de mouchoirs... Le *Bremen* lève l'ancre vers Plymouth... Il est déjà en haute mer lorsqu'on me dépose dans le salon de la gare maritime où des personnalités, la presse et de nombreux amis m'attendent pour sabler le champagne.

Montebourg

Mon émoi est d'autant plus profond que je me rapproche de ma province.

Avant de regagner mon chez-moi parisien, je suis accueillie dans le centre crée par l'Association normande d'Entraide aux handicapés physiques, qui vient d'être fondée à Montebourg, sous l'impulsion de quelques personnes émues par la vie de certains jeunes en hospice.

Des conférences sont organisées pour sensibiliser la population à la nécessité de ce Foyer-atelier.

C'est ainsi que le Ier janvier 1964, l'Atelier-Foyer *Joie et Travail* est officiellement agréé par l'Aide sociale. Ce Foyer créé à Montebourg (Manche) accueille tout handicapé physique de dix-huit à quarante ans, quel que soit son handicap moteur ou sensoriel, à l'exception des complications mentales. Les postulants doivent être désireux de travailler et accepter la vie communautaire.

Pour aider au financement du Centre, je poursuis une nouvelle tournée de conférences-causeries dans le département.

Un drame affreux

Rien n'est plus beau qu'un paysage automnal, ses roux, ses verts. Je m'aperçois d'ailleurs, en écrivant ces lignes, que j'ai autant de mal à traduire sa beauté sur le papier que sur la toile.

De retour à Paris, un matin, le facteur sonne à ma porte.

– Mademoiselle Legrix ? J'suis rudement content de vous connaître. On causait justement de vous à la Radio, hier soir.

– On parlait de moi à la Radio ? A quel propos ?

– Vous n'avez pas écouté ? Vous n'avez pas lu les journaux ?

– Non, j'arrive et j'ai beaucoup à faire.

Il soupira:

– Vous m'en direz tant ! Eh bien, si on a causé de vous, c'était pour le procès qui va commencer à Liège.

– Quel procès ?

– La maman qui a tué sa gosse qui était née sans bras... à cause d'une drogue qu'elle avait prise quand elle « attendait... » Il parait qu'un docteur l'a aidée à se débarrasser de la petiote.

J'en fus bouleversée !...

Tout le malheur provint de l'administration aux femmes enceintes d'un nouveau somnifère, la *thalidomide,* réputé, hélàs ! inoffensif, et qui était distribué par un important laboratoire allemand. Cela déclencha une véritable épidémie de nouveau-nés atteints de malformations, particulièrement de malformations des membres supérieurs.

Quelques jours après « l'infanticide », et alors que l'opinion publique est au summum de l'exaltation, je suis invitée par mon éditeur à prendre part à une conférence de presse qui va évoquer « l'affaire ». Cette conférence se tiendra à la *Domus Medica,* boulevard de la Tour-Maubourg.

Le débat est brillamment ouvert par quelques personnalités dont Georges Duhamel qui lance un plaidoyer émouvant pour le respect de la vie. Puis le Révérend Père Riquet me tend le micro.

Je n'ai rien préparé par avance.

Qu'ai-je dit ? Que j'étais née, moi, dans une famille où l'on m'avait acceptée au même titre que mes deux aînés, enfants normaux... Que je n'avais jamais eu l'impression d'être un fardeau pour mes parents, au contraire... Qu'en m'aimant, on m'avait appris à aimer. Qu'un être qui se sent aimé tente de se rendre utile à ceux qui l'aiment et, du même coup, développe au maximum toutes ses capacités...

La seule phrase que je me rappelle nettement est la dernière:

« Je proclame, j'affirme que je suis heureuse de vivre ! »

D'emblée, les organisateurs de conférences s'adressent à moi et, dans les semaines qui suivent, je participe à de nombreux débats.

De l'Isère un médecin m'envoie une longue lettre dont j'extrais ce passage:

« Inutile de vous dire que je désapprouve sans restriction le verdict de Liège... »

« Or, depuis le drame, mon fils et moi étions dressés l'un contre l'autre. Il me répétait à longueur de journée que mes conceptions étaient d'un autre âge, et qu'il valait mieux faire disparaître ces « gosses monstrueux »...

« Son attitude me choquait, car il se destine lui aussi à la carrière de médecin.

« Vous êtes apparue dimanche matin sur le petit écran... Et le miracle s'est produit: le grand gosse s'est tourné vers moi, et m'a dit, penaud: *C'est toi qui avais raison...* »

Un jour, je fus appelée en province pour rencontrer une fillette née avec des moignons tenant place à des jambes et des bras. Ses parents n'avaient pu supporter sa vue et l'avaient abandonnée à l'Assistance publique.

Heureusement pour elle, une institution locale l'avait recueillie. On me fit déjeuner et dîner avec elle. Je pus lui montrer certains de mes « trucs » qu'elle assimila aussitôt, avec une adresse innée qu'ont certaines personnes.

... Tout est grâce...
Six ans après l'affaire de Liège, cinq ans après l'Opération Espoir, le mercredi 24 janvier 1968, a été inauguré et présenté par M. Marcel Jeanneney, ministre des Affaires sociales, le *Pavillon Denise Legrix,* de l'Institut national de Réadaptation à l'Hôpital Saint-Maurice.

David

Depuis toujours, alors que je ne pouvais pas recevoir mes informations en allant vers les choses, je me suis accoutumée à « ressentir l'âme des choses ».

C'est ainsi que je répondais à l'invitation des parents de David, leur petit garçon né sans main et sans pied.

A huit heures, j'arrivai à leur domicile et je demandai au chauffeur du taxi de sonner chez eux, 5è étage. J'étais devant leur porte, assise sur ma chaise. Naturellement, Sylvie – la maman – ouvrit la porte et étouffa un cri.

– Comment avez-vous fait ?

Je souriai de son étonnement, et je fis pivoter ma chaise dans son entrée.

Son mari vint nous rejoindre. Ensemble, ils me tendirent leurs mains avec une ferveur à laquelle je ne pouvais pas répondre. Mais je levai les yeux vers eux, alors ils m'embrassèrent.

– David se cache ! dit-elle.

Je répondis:

– Laissez-le venir quand il voudra.

Un moment plus tard, son père le transportait à notre table dressée avec soin.

Je dis:

– Bonjour David ! en m'approchant. Et il dit « Bonjour ! » d'une petite voix timide.

David avait déjà pris son repas. Il me regardait manger seule, avidement intéressé et, au dessert, me demanda:

– Tu veux bien me prêter ta fourchette ?

– Avec joie ! Tu peux essayer !... c'est facile...

Saisissant ma fourchette avec sa bouche, il a refait les mêmes gestes que moi, et mangeait avec une joie visible sa part de dessert.

– Ca-y-est, Maman ! J'ai réussi !... mais moi je n'ai pas de fourchette

– Je te donne la mienne !...

Ses yeux brillèrent de bonheur !...

– David, il faut boire aussi ?

J'approchai le verre ballon de ma bouche et le fis basculer sur mon bras gauche.

– A ta santé, David

Nous avons ri aux éclats !...

David me pose alors la question :

Un jour, dis, je saurai peindre et écrire ? Comme toi ?...

Quelques jours après, je reçus un beau dessin de David. Avec l'aide de sa maman, il avait écrit: « Avec l'amour de David. »

Plus tard, je lui ai même appris à taper à la machine avec mon petit marteau.

Les enfants de la rue

La Mercèdes que conduit un chauffeur bénévole, ami d'un de mes amis, roule lentement sur un chemin de la région vosgienne où je séjourne.

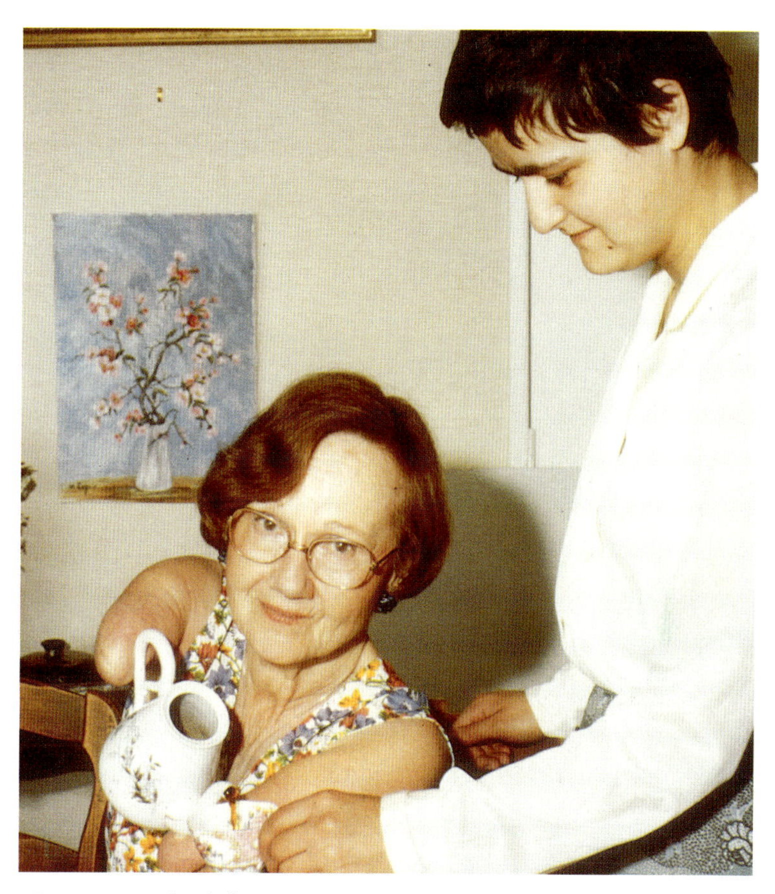

Une tasse de thé en compagnie de ma fidèle amie, Solange

La nature se donne en spectacle

Comme Paris est loin… Ici, à l'angle de cette petite église ancienne, dans la petite rue déserte, muette, à l'ombre des ormes, j'entre dans l'atelier que les zones du silence composent autour de moi.

Je demande au chauffeur de m'arrêter.

Il installe mes outils, chaise, chevalet, toile. Mon regard dévore le visage des choses.

– Je vous laisse, dit l'ami, quand je suis installée. Je sais que vous choisissez, pour peindre, la solitude.

La solitude, ma compagne.

Sur la toile, une ébauche. Le soleil monte. Je fais mien ce pays. Mais tout à coup des pas précipités :

– La sortie de l'école ! annonce mon « chauffeur », de loin.

Les voici, avec leurs cartables dans le dos, ou bien sous le bras. Et des propos échangés. Et leur découverte. Et l'arrivée en groupe – celui des grands – où l'on annonce joyeusement :

– T'as vu la dame ?

– Elle a pas de jambes.

– C'est p'tête la guerre,

– Non mais… Penses-tu, Les dames, ça fait pas la guerre !

– Tais-toi. Si elle entendait ?

– T'as vu… Elle a pas de mains non plus,

– Ca… alors !

– Et des p'tits bras, mais tout petits, tout petits.

– Et pis, toi, tais-toi.

– Pourquoi je me tairais, si ça me plaît de parler ?

– C'est pas joli d'parler des gens.

– Pourquoi que tu restes, alors ?

C'est le plus grand qui va mener la bande.

Le plus grand qui a l'audace de parler le premier à cette dame « qu'est pas du coin »…

– Faut voir ça de près !

Il a tourné autour du chevalet. C'est le clocher de l'église que la Dame regarde. Lui, pas du tout. Se penchant un peu à droite ou à gauche quand il masque le paysage. Enfin, il reste tout droit planté devant elle, avec un « Bonjour, Madame ! » aussi poli que possible.

Il s'attend à une rebuffade. C'est le contraire.

– Bonjour, mon grand... Si je savais ton nom...

– C'est « Manuel ».

– Eh bien, Manuel, tu me caches le clocher que je veux peindre.

Manuel fait « Ah ! » mais ne bouge pas.

Alors la Dame (moi) regarde attentivement ce maigre visage d'enfant pauvre. Type Poil de Carotte, visage piqué de taches de rousseur et de taches tout simplement. Et ces cheveux coupés en brosse, au hasard des ciseaux de la mère.

– Tu es du pays, Manuel,

– Oui... Là-bas.

Il désigne du doigt un point, « quelque part » à l'horizon.

– Quel âge ?

– Dix ans.

– Tu travailles ?

– Oui.

– A l'école ?

– Ben non, dites donc, j'ai pas le temps.

– Tu aimes dessiner ?

– J'sais pas.

– Tu aimes dessiner ?

– Pisque j'vous dis que j'sais pas. J'ai jamais essayé.

– Alors, tu n'as pas envie d'essayer ?

Manuel ne dit rien. Il pense. Devant les regards émerveillés des petits copains qui n'oseraient pas mener avec une inconnue un dialogue aussi serré. Moi, je fais aller mon pinceau au ralenti. Au vrai, j'écoute Manuel, silence et paroles. Je fais mon petit sondage sur Manuel. Comment met-il à l'épreuve de la difficulté le trésor qui est en lui et qui peut-être restera, jusqu'au bout de sa vie, en sommeil ?

Je répète :

– Tu fais bien quelque chose, tout de même, pendant tes journées.

– J'vais garder les vaches, et pis la bique, le matin, pis l'après-midi aussi.

– Tu manges ?
– Dans le pré, le quignon que j'ai emporté. Le soir, avec ma mère nourricière.
– Et ton autre mère, ta vraie maman ?
– Moi, j'suis « sans ».
– Ça te fait de la peine ?
– Qu'est-ce qui me fait de la peine ?
– De pas connaître ta vraie mère ?
– Qu'est-ce que ça peut faire, pisque j'en ai pas.
Ses pommettes ressortent sur son visage maigre.
Un haussement d'épaules. Je me dis des choses que je ne lui dirai pas. « Personne ne t'a jamais embrassé, le soir dans ton lit ? Personne n'a fait quand tu étais tout petit, avant ton sommeil, la prière du soir ? Personne ne t'a appelé « mon enfant chéri »...

Les autres enfants de la bande – ils sont cinq – trépignent d'impatience.
– Et nous, c'est jamais not'tour ?
Je ne veux pas que Manuel se croit exclu. J'enchaîne :
– En tout cas, puisque tu as une bique, tu peux toujours boire du lait de chèvre.
– J'aime pas ça. J'en bois jamais. Ben non alors.
– Et moi qui trouve cela si bon. J'aime beaucoup le lait de chèvre.

Décidément, les autres le remplacent devant moi. Mon paysage est celui de ces visages d'enfants rentrant de l'école avec – Manuel excepté – leur cartable attaché dans le dos.
La revendicatrice numéro 1 est toute blonde, avec des yeux bleus de printemps, un visage modèle, décoré de chocolat, du nez au menton. Et elle sait ce qu'elle à dire :
– C'est dur de faire ça ?
Elle s'avance. Regarde de près, de plus en plus près, ma toile. La touche. Son doigt enrobé de chocolat a dû faire une ombre douteuse derrière le clocher.

Le gros joufflu se taille une place à côté de moi.

– Toi aussi, barbouillé de chocolat... de je ne sais quoi. Viens très près, mais ne touche pas.

– C'est qu'on vient de la cantine... Moi, mon nom c'est Robert.

– On vous donne du chocolat à la cantine ?

– C'est de chez nous qu'on l'apporte.

– Vous gardez une part pour Manuel ?

– Non, pisqu'y va pas souvent en classe. A pas besoin de récompense.

L'injustice en guise de justice. Pour les petits comme pour les grands. Un essai de paroles qui pourraient aller loin :

– Si on lui donnait du chocolat parce qu'il a bien gardé ses vaches et sa bique, à Manuel, ce serait juste ?

Un grognement de la part des enfants.

– Non.

– Comment : non ? Il est moins heureux que vous ! Il n'a pas de maman pour lui en donner.

Alors un autre, d'une voix de trompette :

– Toi, Madame, t'as pas de mains, pis tu dessines quand même.

Notre entretien sur le mérite et la récompense n'ira pas plus avant.

Robert reprend sa place privilégiée, entre la toile et moi. Je le vois de dos, avec une fenêtre, arrière gauche, sur sa culotte qui elle aussi a manqué de tendresse...

– C'est pas dur ce que tu fais, toi Madame. Moi; j'sais dessiner. Moi, z'ai fait une maison sur le papier pour ma maîtresse à Noël.

Robert intervient :

– T'as des mains, toi.

– On te demande pas de raconter ça. Tout le monde le sait.

La petite blonde aux yeux clairs a repris sa place, me frôlant :

– Moi, c'est pas du dessin que j'ferai... Moi, c'est du cinéma.

– Tu aimes le cinéma ?

– Oui. J'en ai vu un une fois.
– Qu'est-ce que tu feras au cinéma ?
– Ben, c'est sûr, j'gagnerai beaucoup d'argent.
– Et de ton argent, qu'est-ce que tu feras ?
– J'achèterai des bonbons.
– Et encore ?
– Des bonbons.
– Pour donner aux autres ?
– Ben non. Pour en avoir pour moi.

Dans cette petite bousculade, voici que l'ordre impeccable de mes couleurs est devenu désordre. Une couleur est tombée. Je fais le geste de me pencher pour la saisir. Une curiosité renaît pour mon travail, pour mon « personnage ». Et une gentillesse de Robert.

– Voulez-vous que je vous aide ?

Je lui laisse le plaisir :

– Bien sûr.

Il me tend le bleu. Il sourit. Il espère.

– Veux-tu m'aider encore ? Tu mettras un peu de ce bleu… C'est cela, prends ce pinceau. Ici le bleu. Un peu, un tout petit peu seulement. Là… c'est bien. C'est un petit bout de ciel.

Chacun à son tour a le droit de prendre un pinceau, de marquer un coin de la toile d'un tout petit point, avec la couleur choisie. Ce sera leur signature.

Manuel a disparu.

– Il est parti, Manuel. Tu vois, Madame, dit le joufflu, nous on reste avec toi.

Le soleil est haut dans le ciel. Il fait chaud. Le resserrement de mes petits apprentis-peintres m'étouffe. Mais je ne brise pas cette amitié toute neuve.

– Tiens, le v'la, ton Manuel, s'écrie Robert en désignant, contournant l'église, le petit rouquin marchant à petits pas, et tenant précautionneusement, à deux mains, un objet invisible.

Manuel est devant moi. Me présentant à deux mains cet objet précieux : un bol plein de lait, posé sur une assiette.

– Pour vous, M'dame. Il est tout chaud le lait. On vient de « tirer » la bique.

– Que c'est chic ! (je dépose mon pinceau.) C'est toi qui as tiré la bique ?

– Non. C'est *la* maman. Elle m'a grondé parce que j'étais parti. Pis j'ai dit q'c'était pour une...

Enfin une dame qui met des couleurs pour faire un tableau. Elle a dit : « Une artiste dans le pays, alors ! » Elle m'a laissé venir.

Je bois le lait savoureux. Que c'est bon ! Manuel me regarde. Il découvre sans doute mon plaisir de boire. Puis la façon que j'ai de maintenir le bol entre le bout de mon petit bras et ma bouche. Avide, lui, de comprendre tous mes gestes. La sueur lui coule sur le visage. Il a marché très vite. Il ne pense plus à lui.

J'avance le bol vers lui afin de le lui rendre.

– Merci, mon grand... Elle t'a dit combien je lui dois, ta maman, pour ce bon lait ?

Son visage se colore violemment, sous le coup d'une offense :

– Oh non, M'dame. Chez nous, ce lait, on le vend pas.

– Vous le jetez ?

– Ben non, par exemple. On le donne au cochon, ce lait-là.

Une envie de rire me vient. Une voix de gosse derrière :

– Dis donc, Manuel, te gêne pas.

Manuel ne comprend pas. Il tourne la tête de tous les côtés. Je dis plus haut :

– Cela m'a fait du bien, mon grand. Tu remercieras aussi ta maman.

L'horloge de l'église approche de midi. Je terminerai mon tableau chez moi. Je fais signe au chauffeur qui viendra ranger mon chevalet et approchera la voiture.

Des voix :

– Alors, au revoir. Madame...

– Madame, tu reviendras ?
– Il est beau, ton tableau.
– Tu reviendras pour faire le coq. Ce sera encore plus beau. On t'aidera à la peinture.
– Pis je tirerai le lait de la bique pour toi, dit Manuel un peu honteux, il ne sait pas au juste pourquoi. Dis, tu reviendras ?

Je suis revenue voir plusieurs fois mon ami Manuel à qui ses petits camarades avaient appris « la honte » d'être de « l'Assistance », et, chaque fois, j'ai bu, comme une liqueur royale, le lait de la bique tiré par le gamin qui n'avait rien d'autre à m'offrir mais qui me l'apportait avec tout son cœur.

Réussir sa vie

Oui, le « réussir ma vie » fut d'abord une action de grâce offerte à mes parents.
Mais ce but portait sa charge d'égoïsme aussi.
Réussir ma vie, ai-je oublié de dire, c'était d'abord *vivre.*

J'aime la vie.
Or, on ne vit bien que dans l'effort. Perdre le goût de l'effort, c'est perdre la joie de vivre. Il y a des gens qui réussissent *dans la vie.*
Mais la seule réussite n'est pas celle de l'argent, ni de la domination.
La seule réussite est celle de la vie intérieure.
Certaines vies réussies sont des vies obscures. Des vies de pauvreté. Des vies ignorées.
A chacun la réussite qu'il mérite.

Face à l'avenir

Il faut que le mot douloureux des *« exclus »* cède la place au mot *« inclus ».* Et quelques centaines de milliers de jeunes handicapés renaîtront, grâce à cette promotion, à la vie.

L'enfant avec un handicap doit être traité comme les autres. Il faut tout mettre en œuvre pour qu'il continue à se débrouiller seul. Trop souvent, l'enfant est victime d'un excès de tendresse maternelle. L'enfant « revit » quand il constate lui-même les progrès dont il est capable. Plus il se donne de la peine pour agir « comme les autres », plus il est heureux.

On peut toujours essayer de s'en sortir

Un camp de vacances, en été, dans la Drôme, nous offre un bon terrain de retour sur soi. Certaines vérités changent d'aspect, ce qui était impossible hier sera possible demain.

Les enfants avec un handicap physique furent longtemps exclus, s'ils étaient admis dans un établissement d'enfants normaux, des activités sportives.

C'est là que j'ai connu Jean-Luc, très vif de geste, très joueur.

Son père me racontait :

– Il m'avait vu skier à Courchevel. Je n'allais pas loin, mais il me semblait que le temps que je prenais pour mon plaisir lui était volé. Je revenais vite : « Jean-Luc, tu n'as pas trouvé le temps long ? » Invariablement, il me répondait : « Non. Je regardais. J'étais un spectateur, toi tu faisais le cinéma. » Un jour – ce devait être le quatrième – il lança :

– Mais moi aussi je voudrais faire le cinéma…

– Et je t'attendrai au bas de la piste ?

– Non, dit Jean-Luc, avec ce tendre sourire qu'il a quand il aime bien. Nous ferons le cinéma ensemble, toi et moi.

Je regardai alors mais avec terreur ce jeune corps sans bras. :

– Tu veux skier ?

– Je veux skier.

– Mais comment tiendras-tu tes bâtons ?

– Je n'aurais pas de bâtons, c'est tout. On peut skier avec les pieds.

– Oui, mais l'équilibre, Jean-Luc. C'est très difficile…

Je pris moi-même le parti d'essayer. Sans bâtons, je perdis aussitôt l'équilibre.

Je ne vous fais pas passer par toutes les étapes qui nous amenèrent à skier comme deux compagnons. Il fallut redescendre pour trouver des skis à sa mesure. La jeune vendeuse, après la décision prise pour les skis, balbutia, en regardant Jean-Luc :

– Et les bâtons ?

– Je n'aurai pas de bâtons, dit Jean-Luc fièrement, et je m'en passerai.

Nous sommes arrivés, Jean-Luc et moi, nos skis sur l'épaule – j'avais attaché les siens avec une courroie – vers une pente douce peu fréquentée et que je connaissais bien. Non, Je ne vais pas dire qu'il a skié tout de suite. Il fallait d'abord que ses pieds, que ses jambes, que son équilibre puissent s'accoutumer au glissement sur la neige. Mais pour mon étonnement, dès qu'il eut chaussé ses skis, il parut à son aise. Sa première petite glissade fut une réussite. J'allais comprendre, une fois de plus, que la déficience des handicapés physiques se traduit par un exercice et une précision des membres existants bien supérieurs à ceux qui viendraient d'instinct aux enfants non handicapés. En fin de séjour, il remporta sa première étoile.

– A l'année prochaine pour la seconde, lui dit gaiement le moniteur.

– Oui, il est revenu... (en 1992, Jean-Luc a remporté la Médaille d'argent en slalom, Super-Géant, Descente. Médaille de bronze en Géant aux Vèmes Jeux Paralympiques de Tignes-Albertville.)

Au retour de ce séjour, Jean-Luc confiait à sa maman :

– Tu vois, maman, il faut avoir confiance en moi... toujours confiance.

Ses études étaient bonnes, sinon toujours excellentes.

– J'ai envie de remuer, de courir, de jouer ! me disait-il, navré.

Au printemps, il me fit l'aveu de ce qu'il désirait le plus dans le moment. Une bicyclette. Oui mais... il faudra aménager le guidon. Je vois en gros ce qu'il faut faire.

– Et nous réussirons, maman. N'est-ce pas, nous réussirons.

Montréal

L'INVITATION

Montréal, le 11 août 1972

Mademoiselle Denise Legrix,
Paris XIIIè, France.

Mademoiselle,

Le Conseil du Québec de l'Enfance exceptionnelle, organisme qui regroupe plus de 1300 professionnels de toutes les disciplines œuvrant auprès de l'enfance inadaptée dans la province du Québec, désire vous inviter comme conférencier à son congrès annuel qui se tiendra les 10–11 et 12 novembre prochain à l'hôtel Bonaventure de Montréal.

Monsieur Audy de Québec et Montmagny nous a fait connaître votre œuvre et vos préoccupations.

Le thème de notre 10è congrès annuel : « L'intégration » nous invite à solliciter votre participation.

...

Si vous acceptez notre invitation, nous vous demandons d'arriver à Montréal le 9 novembre.

Votre emploi du temps le permettant, nous pourrions après le congrès vous organiser des rencontres avec des organismes de professionnels ou de parents intéressés à l'enfance inadaptée.

Espérant, Mademoiselle, que vous accepterez notre invitation, je me permets de vous demander une réponse au plus tôt et par cable si possible.

Sincèrement vôtre,

Arthur Dubé,
Président du C.Q.E.E.

Depuis que j'ai reçu cet appel du Canada, une source de joie, encore timide, mais à tout instant contrôlable, jaillit, goutte à goutte dans mon cœur. Je suis invitée à prendre, là-bas, un contact multiple avec les *enfants exceptionnels.*

C'est novembre. Nous décollons d'un Paris sous la pluie. Ma jeune filleule – habilitée pour m'accompagner – a cueilli sur la route des émerveillements d'enfant.

Nous tanguons. Nous vibrons.

Les attentions de l'hôtesse sont exquises. Les petits repas excellents.

Maintenant, c'est la nuit.

Enfin nous amorçons la descente. Attachez vos ceintures. Terminé. La cohorte des passagers encombre le couloir... Je ne veux prendre aucune place. Je veux passer « à mon tour. »

Ainsi je suis entrée dans le Royaume des enfants exceptionnels.

Ces enfants exceptionnels

Comment aurai-je pu ne pas accepter de participer à ce Xè Congrès sur l'Enfance exceptionnelle ?

Le nom d'exceptionnel pour les handicapés me fait sourire de joie. Enfin, ils ne sont plus, avec un apriorisme révoltant, condamnés à vivre, vivre en marge des autres, tenus pour vaincus avant d'avoir commencé le combat.

De jour en jour, au Québec, j'ai participé à des rencontres humaines, scientifiques, clairvoyantes. J'ai vu des psychologues, médecins, sociologues qui devenaient des bâtisseurs d'avenir avec cette matière humaine si souvent, si abominablement, négligée.

Le but recherché par ces assemblées : *l'intégration.*

Le grand mot est dit.

Les notations que je recueillais chaque jour étaient précieuses, éloquentes, efficaces. En voici quelques-unes.

A l'Ecole Victor-Doré, au cours d'une assemblée réservée aux moniteurs, l'un d'eux me raconta, en me désignant un travail de fils tendus sur une planche :

– Un I.M.C. (infirme moteur cérébral) a réalisé plus avec son esprit qu'avec ses mains.

Après de nombreux essais, il n'arrivait pas à planter les clous pour passer les fils – ce qui était le but de l'exercice. Après un travail comme les autres jours, inutile, il fut pris de colère. Marteau, planche et clous, le tout fut jeté à terre. Lui aussi se laissa tomber. Il renonçait. Je l'ai calmé en lui disant et en lui répétant votre mot : « L'adresse est le fruit de la patience. » Et voilà le résultat.

De Shawinigan Sud, d'une conférence à des étudiants valides, je rapportai un succès qui m'est cher. Après une réunion sur le podium – le micro était en panne – nous avons, eux et moi, parlé familièrement de nos difficultés, de nos moyens employés pour les vaincre. Le tout au hasard des interventions.

Avec autant de reconnaissance et de ferveur, je citerai toutes mes haltes canadiennes qui m'ont permis d'apprendre beaucoup en apprenant des autres.

A l'hôpital Saint-Augustin de Courville (près Québec), je me trouvais incertaine, dans une immense salle où de grands, très grands malades avaient étés transportés, et des grabataires si âgés qu'ils ne semblaient plus faire partie de notre monde, certains délirant, ne sachant même pas, pensai-je, où ils se trouvaient.

Qu'allais-je pouvoir leur dire qui les toucherait, si peu que ce soit ?

J'avais l'angoisse au cœur.

Pour laisser à ce climat étrange le temps de trouver un peu d'unité, on m'apporta quelques livres, d'abord, à signer. Un de ces grands malades insista pour se faire approcher de moi. Sa voix semblait venir de loin :

– Je me laissais mourir. Je trouvais tellement stupide cette vie – la mienne – qui ne servait à rien. J'ai découvert le secret de ma solitude en lisant votre livre. Je ne pensais qu'à moi. J'étais seul.

Quand nous pensons aux autres, nous ne sommes plus seuls.
L'acceptation, le désir de faire mieux, de trouver le sens de la vie qui pour chacun de nous existe, tout me revenait en écho de certaines paroles. Comme de la bonne graine jetéc sur une terre fertile.
Tout me plaisait.

J'aimais les noms bien français, du français de nos arrière-grands-parents, que les Canadiens français donnent à leur pays, à leurs demeures: Deux Montagnes, Trois Prairies, Côte-Vertu, Vieilles-Forges, et mille autres noms de vérité.

Des activités en plein air ont été offertes à ces enfants d'exception. Les conclusion du camp-école Trois-Saumons sont un ferment de bon vouloir et d'optimisme.
« Cette tribune d'expérience veut apporter un témoignage de plus en plus la possibilité d'intégration d'enfants handicapés dans un milieu de vie normale, et démontrer comment la formule du camp décentralisé se prête bien à l'intégration d'enfants dits exceptionnels. Dans un tel contexte, l'enfant peut être juste « un autre campeur » et être réinséré dans les situations de vie normale, évitant ainsi la marginalisation. »

La leçon du Québec

Je croyais tout savoir sur les enfants « exceptionnels » réintégrés dans la vie par l'effort judicieux des autres, et surtout par la puissance de leur volonté, à eux.
C'est pourtant une admirable mise au point d'un hebdomadaire québecois qui devait être pour moi une révélation.
– A l'époque, aux Etats-Unis, l'appréciation chiffrée de la réintégration des handicapés dans un milieu de vie active normal augmentait le revenu national de 435 millions de dollars.
– En Grande-Bretagne, Stokemandeville a été la première ville au monde à organiser des jeux para-olympiques en fauteuils roulants.

– La France, elle non plus, ne s'est pas tenue à l'écart de cet effort. Des jeux mondiaux pour personnes handicapées ont eu lieu en juillet 1970 à Saint-Etienne, avec 800 participants venus de 24 nations.

– Bruxelles tient également des jeux de ce genre.

Oui, les personnes handicapées ne demandent qu'à s'adapter à la vie normale pour y être réintégrées. Un spécialiste avisé résout l'apriorisme d'un problème commun à toutes les entreprises matérielles où les enfants et les adultes exceptionnels auront leur partie à jouer:

Il s'agit d'obstacles physiques négligés par le constructeur et qui rendent plus difficile la vie de tous les jours, qui entretiennent l'infirme dans une dépendance frustrante: marches d'escalier qu'on aurait pu remplacer par un plan incliné; portes trop étroites pour la chaise roulante ou bien ouvrant dans le mauvais sens, planchers glissants, miroirs ou téléphones placés trop haut. En supprimant ces barrières, on soulage le cinquième de la population (...) Le nouveau pavillon d'éducation physique de l'université de Laval constitue l'un des rares cas récents où ces normes ont été respectées au Canada.

En vue d'une meilleure cohésion des efforts et des ressources mis au service des handicapés, un groupe de personnes, appartenant aux divers milieux du Québec à mis en place un projet, appelé « Opération Démarrage ».

C'est donc mon témoignage, mon évolution, auxquels ce groupe du Québec voulut faire appel pour mener à bien cette prise de conscience sociale. Voici quelques extraits de l'article parut dans l'hebdomadaire québécois *Perspectives-Dimanche.*

... Ce qui retient particulièrement l'attention au sujet de Denise Legrix, c'est sa souplesse d'adaptation à tous les détails de la vie quotidienne. Rien ne lui échappe. Elle a appris à maîtriser son corps par une gymnastique qui lui est propre. Avec de très courts moignons, sans prothèses, sans fauteuil

roulant, sans équipement spécial, elle arrive à manger et à boire seule, à se maquiller, à se brosser les dents et à se coiffer elle-même, à peindre, écrire, téléphoner et à se déplacer seule.

... Elle se déplace grâce à une parfaite maîtrise du centre de gravité de chaque partie de son corps. Pour manger, elle fait pivoter sa fourchette sur son moignon gauche par de légères contractions musculaires. Pour se déplacer, assise sans fixation sur une chaise droite, elle lui imprime un faible balancement, pivotant sur un pied, avançant les trois autres, puis pivotant sur un deuxième et ainsi de suite jusqu'à destination.

.../...

Certes, je ne me présente pas, d'après ces appréciations et ces paroles, comme un exemple pour tout ce que peuvent faire les personnes avec un handicap. D'autres cas exceptionnels cités dans cette étude canadienne prouvent que la réadaptation, puis l'intégration de la plupart des handicapés relève de l'intelligence et, peut-être plus encore, de la volonté tenace de l'entourage qui peut pécher par excès (aide trop permanente, trop attentive) ou par défaut (abandon de l'espoir).

Le Québec compte de nombreux handicapés que l'on a su « AIDER A S'AIDER ».

Le Défi

Le témoignage qui va suivre est celui d'une femme « exceptionnelle ».

Handicapée, pour mieux nous faire comprendre : avec un seul bras très court dont elle ne peut se servir, elle utilise son pied gauche avec l'habileté d'un jongleur.

C'est avec son pied qu'elle a écrit cette lettre, trouvée dans mon courrier ce matin. Je l'ai ouverte la première. Je l'ai lue et relue. Je ne saurais donner un plus beau, un plus cruel défi à certains artisans de ce qu'ils nomment la justice sociale.

Son nom est Elisabeth.
Elle m'a autorisée à reproduire sa lettre. La voici :

« Très chère Denise,
Combien je suis confuse de ne vous avoir pas répondu plus tôt.
Mais je n'ai pas de doute sur votre compréhension et votre indulgence; aussi je me sens déjà à demi pardonnée et ainsi plus à l'aise pour répondre.
En ce qui me concerne personnellement, je n'ai à aucun moment ressenti la moindre frustation, la moindre déconsidération au sein familial. J'ai occupé et occupe toujours une place entière dans la lignée familiale. Mais la cellule familiale et les relations sincèrement amicales ne représentent pas, hélas, toute la société. Et certains organismes, publics et privés, certaines administrations, par leurs actions diverses se chargent bien de vous rappeler la réalité. Attention ... Oui mais ... Handicap...
Avec un tel fil conducteur, vous ne serez pas étonnée par la multitude de barrières dressées pour contrecarrer le désir le plus cher à chacun de nous : « Vivre comme eux. Vivre avec eux ».
Quoi qu'il en soit, on a lutté, on a gagné.
La première difficulté fut rencontrée à l'âge de ma première scolarisation. L'école primaire, tout comme l'école maternelle, me fut interdite. Je ne devais pas être l'objet de distraction pour la classe.
Pourtant toutes les petites filles qui fréquentaient ces classes étaient mes camarades de quartier.

Mes parents, de condition modeste, ne se décourageaient pas pour autant. A force de sacrifices, ils me firent donner des cours à la maison. L'opération était fort coûteuse. Mais c'était, hélas, le seul moyen dont ils disposaient pour m'instruire. Au niveau de la sixième, les cours devenaient trop complexes pour pouvoir être donnés en quelques heures seulement. Ils essayèrent donc de m'inscrire dans une école privée

Sous-bois baigné de lumière

Composition d'anémones

qui refusa mon admission. Mes parents décidèrent la séparation et m'envoyèrent à Cambrai dans un centre de l'A.D.A.P.T. où, grâce à la compétence du personnel enseignant, je pus suivre une scolarité quasi normale.

Pendant ma première année d'internat, je suivis les cours de cinquième par correspondance et préparai, aidée par l'instituteur attaché au centre, le C.E.P. qu'il me fit passer, sans aucun problème, avec les candidats de la commune.

C'était le vrai contact avec une vraie école. J'avais quatorze ans.

Comme suite à ce premier succès, l'instituteur n'hésita pas à demander à l'inspecteur d'Académie mon admission en classe de quatrième au C.E.G. l'année suivante. Merveilleux. Je fus acceptée pour un essai qui, ma foi, fut concluant puisque je terminai l'année sans problèmes, entourée par de nombreuses camarades. Alors l'Académie du Nord jugeant inutile cette séparation du milieu familial pria l'Académie de Grenoble de bien vouloir m'admettre au lycée.

A la suite de multiples interventions, je fus admise non pas à me rendre au lycée le plus proche de ma résidence (il était « trop bien » pour une handicapée) mais à poursuivre ma scolarité dans un petit S.E.S. à la condition que je commence une semaine « après les autres » pour que les « autres » soient avertis. Or « les autres » me connaissent depuis longtemps.

Le même problème se pose l'année suivante, suite à la répartition dans les lycées par secteurs. Je devais donc, normalement, aller en classe dans le lycée « trop bien ». De nouvelles discussions eurent pour conséquence mon admission en troisième avec, comme condition, non seulement le fait de commencer encore une semaine après les autres, mais surtout que le B.E.P.C. marque la fin de ma scolarité.

Fort heureusement, je rencontrai un professeur de français, père d'un handicapé mental, qui trouva les arguments pour convaincre ses collègues et enfin l'administration de la nécessité de me laisser poursuivre les études.

Ainsi je parvins au baccalauréat.

Alors se posa le problème des débouchés.

Suzanne Fouché qui avait si gentiment suivi mon évolution me conseilla la Faculté en section psychologie.

L'entrée en Fac de psycho se fit sans grandes difficultés grâce à l'intervention de l'assistance sociale universitaire. L'adaptation se déroula assez bien, et je vécus pendant quatre ans en résidence universitaire.

Pendant trois ans, tout alla pour le mieux. J'obtins la licence.

Quelques professeurs alors inquiets sur les éventuels débouchés professionnels me suggérèrent de consulter une conseillère d'orientation professionnelle spécialisée pour les handicapés physiques à Paris.

Cette consultation ne m'apporta rien de positif.

On me reprocha d'être trop instruite pour poser le problème de classement professionnel.

Quelle douche écossaise !

J'aurai tout entendu !

Bien sûr, le classement en C.A.T. est plus facile...

Devant une telle attitude, je voulais abandonner la lutte. Mais Suzanne Fouché veillait toujours. A la moindre défaillance morale, elle intervenait.

Je repris donc, confiante, les cours en Faculté, et après avoir obtenu la maîtrise, je décidai une expérience professionnelle au centre Joseph Arditti.

Voilà les principales difficultés rencontrées jusqu'à présent.

Bien sûr, il y en a eu d'autres, plus ou moins anodines. Mais tout handicapé les connaît pour les avoir trop souvent essuyées.

L'essentiel est de ne pas perdre confiance, de mener une lutte saine afin que, par les résultats obtenus, il soit prouvé aux valides que tout préjugé est bien mal fondé, que tout individu a le droit de tenter sa chance, le droit de vivre pleinement. Rien de plus facile avec un peu de bonne volonté, beaucoup de compréhension et une très grande confiance, non pas dans le handicapé physique qu'il est sûrement, mais dans l'humain qu'il est avant tout.

Qu'en pensez-vous, ma chère Denise ? »

Elisabeth

Aimer

Je n'ai pas « choisi » d'aimer. La nature, la beauté, les gens et, pour mieux dire : l'amour des autres. En toute vérité, je suis née pour ça.

Rien ne peut m'être plus douloureux que la découverte de jeunes, handicapés ou non, qui nient la nécessité de l'amour dans le monde. Je n'ai pas à orienter nos dialogues sur cet aspect de la sensibilité humaine. Après un de mes exposés, au cours d'un entretien, au hasard de rencontres, que l'on peut faire dans un « centre », on y revient toujours.

Un garçon m'a dit, une fois :

– Vous êtes la preuve vivante que l'amour est la promesse du bonheur.

Il hésita, puis :

– Mais il arrive que l'on aime sans être aimé ? Alors que peut-on attendre en retour ? Comment se défendre contre la haine qui peut prendre la place de l'amour ?

Nous tous, nous avons d'une façon ou d'une autre posé cette question à nous-mêmes, à ceux qui nous approchaient.

Dieu a-t-il jamais répondu aux hommes, des plus heureux aux plus misérables, qui ont reçu, avec la vie, la souffrance dans le monde ?

Je dirai volontiers avec Paul Claudel : « Dieu n'est pas venu supprimer la souffrance. Il n'est pas non plus venu l'expliquer, mais il est venu la remplir de sa présence. »

J'essaierai de donner la place à de petites paroles lancées dans l'air comme des bulles de savon coloriées, à ces événements sortis de rien qui rentrent dans rien avec la grisaille d'un temps d'automne.

A un déjeuner d'amitié où j'avais été conviée, on avait beaucoup parlé. De quoi ? De tout et de rien. Des choses de la vie ! Mais au dessert la conversation s'enfla. Cela devenait, par instant, un duel de voix. Je ne pouvais plus tolérer leurs arguments qui s'entrechoquaient. Peut-on en quelques paroles, retrouver, rejustifier l'ordre du Monde ?

Etouffant ma révolte par un ton de douceur, je pénétrai dans la jungle de ces voix par une petite histoire « sans importance », qui déportait le plan de la discussion :

– Cette histoire, je l'ai vécue.

« Une famille de cinq enfants. Pas riche. Logement exigu. Fins de mois difficiles. Un accident de la route s'est produit chez un de leurs amis. Accidents graves. Les seuls survivants : deux des enfants qui sont devenus des handicapés.

– Nous prendrons un de ces enfants ! décide-t-on en famille.

– Seulement ? (celui qui parle est un des cinq enfants de la famille heureuse).

– Nous n'avons pas de place pour faire mieux, dit le papa.

– On se serrera. Oh ! papa, ils sont déjà bien assez malheureux comme ça. Il ne faut pas les séparer.

Trois années ont passé.

Les deux garçons, victimes de l'accident, sont intégrés dans leur famille adoptive. Intégrés : totalement.

Je les ai revus peu de temps après. Le plus petit a dit à son père adoptif qui m'a répété ce propos – en son langage : « Tonton, je voudrais mieux avoir ton nom que le mien. Je voudrais mieux t'appeler « papa » que « tonton ». Je serais mieux ton petit garçon.

– Mais quel rapport cela peut-il avoir avec notre discussion de tout à l'heure ?

– Vous parliez de la forteresse de l'égoïsme dans laquelle nous sommes tous enfermés.
Silence.
Je continuai :
– Pour ceux seulement qui ont choisi cet emprisonnement.

Un des convives – il était resté muet pendant tout le repas - m'avait écouté avec attention :
– Cela, ce que je vais vous dire, n'a non plus aucun rapport avec le reste. Au moins apparemment. Vous dire à propos de jeunes isolés, comme l'auraient été vos petites victimes de l'accident s'ils n'avaient pas été adoptés, en dehors de tout intérêt, par amour. Je suis donc aumônier de jeunes délinquants à qui personne n'a jamais donné de tendresse. Des enfants qui vont à la messe, s'ils le veulent. Aucune obligation ne pèse sur eux. Ce temps de la messe ne peut être valable que s'il est choisi par le « moi » intérieur.

« Un matin, je remarque que l'un d'eux, avec précautions infinies, garde l'hostie qu'il avait reçue dans la main. Il regagne sa cellule. Avait-il conservé l'hostie ? Pourquoi ? Qu'en avait-il fait ?
Le dimanche suivant, je communie les autres, cependant sans le quitter des yeux. La même prise de possession secrète se renouvelle.
Quand la bénédiction de la fin de la messe fut donnée, j'allai vers lui. Et, ma main sur son épaule, avec amitié :
– Pourquoi as-tu gardé l'hostie dans ta main, ce dimanche, comme tu l'as fait dimanche dernier ?
Son visage se crispa.
J'effleurai sa main : il la maintenait fermée.
– L'hostie est-elle encore dans ta main ?
Bourru, hostile, sur la défensive, quoi, il me répond :
– La moitié, seulement. J'en ai gardé la moitié.
– C'est grave, mon bonhomme. Une hostie… c'est très grave. Que vas-tu en faire ?
Il s'était adouci, hésitant. Mais j'attendais.

Enfin :
– Si je vous dis ça, vous n'y comprendrez rien... comme les autres. C'est pour mon petit copain de cellule... N'a le droit de rien. N'a pas le droit de sortir. L'autre dimanche, quand je suis parti pour aller à la messe, il pleurait... M'a demandé : « Comment qu'on fait la messe ? » J'ai dit : « On communie ! » A fallu que je lui raconte tout. C'est difficile. C'est dire les choses qu'on dit pas. Ben maintenant, c'est tout clair. Maintenant, j'en donne la moitié de l'hostie. « Maintenant... c'est sûr, il est plus tout seul ».

Je crois que nous tous, nous avons, d'une façon ou d'une autre, posé cette question à nous-mêmes, à ceux qui nous approchaient, à Dieu peut-être, même si notre vie tout entière ne doit être qu'une longue attente de la réponse qu'il nous donnerait.

Le Yoga : une initiation

Un jour, je rencontrai dans un salon une jeune femme qui se présenta elle-même comme professeur de yoga... Je lui demandai si elle accepterait de me donner quelques leçons. D'abord, elle fut sceptique... et puis, elle consentit à faire un essai. Nous allions assez vite, nous allions assez loin. Son visage, maintenant, rayonnait la joie. Elle comprit que je pouvais faire davantage et que, progressivement, nous serions à même d'aborder certaines torsions, puis l'asana royal, la tête au sol recevant tout le poids du corps. Espérant progresser bien davantage.

Ce fut révélateur et strictement contrôlable en ce qui me concerne, le voici :
Je devais porter un corset avec douze ressorts d'acier. Et je souffrais dans le dos depuis vingt-deux ans. Ce corset m'était indispensable. On ne pouvait pas encore mesurer l'élasticité des muscles. Mon professeur savait cependant que je manquais d'abdominaux. A ce point de mon corps, elle s'appli-

qua avec méthode et entêtement. Au bout d'un mois de pratique journalière de yoga, je ne portais plus mon corset que le matin. Quinze jours plus tard, je l'abandonnais définitivement. Depuis cette époque, j'ai retrouvé mon corps, tel que je l'avais, tel que je ne le connaissais pas. J'ai trouvé une résistance à la fatigue et un sommeil parfait.

La Foi : mon espérance

La route que suivent, très quotidiennement, un grand nombre de personnes avec un handicap aboutit, parfois, à une certaine spiritualité.

C'est là, et j'ose le dire, l'affirmer, le répéter, que je donne aux autres, à tous les autres, exceptionnels ou bien-portants, un rendez-vous.

« La Foi a joué un grand rôle dans ma vie.
Mais qu'est-ce que la Foi ?
C'est la croyance en Dieu.
Mais où est Dieu ?
Il se révèle dans tout ce qu'il y a de beau sur la terre.
Ma foi est aussi fondée sur la pauvreté.
Blessée, mutilée, je ne pouvais rien sans Dieu. »

D'autres, qui ont tous leurs membres, peuvent peut-être se passer de Dieu, ou – malheureusement – croire qu'ils le peuvent.

Moi, je ne pouvais rien sans aide, Dieu a été ma force. Souvent je dis que je devrais passer ma vie à genoux. Par la force des choses, je la passe bien sûr assise. Un corps comme le mien ne peut pas compter uniquement sur soi. Une force est en moi qui ne relève pas de moi seule.

On vient beaucoup me voir. On me pose mille questions. Je peux répondre. Je le fais de mon mieux. Si je n'avais pas ce handicap, et n'étais de ce fait, encline à la méditation, aucune science ne me permettrait de chercher à résoudre les problèmes quotidiens des autres.

La vie – cette vie que j'aime – est impérieuse en moi. La découverte matérielle d'un ciel criblé d'étoiles, de l'éclosion du printemps dans un verger en fleurs, cent autres phénomènes très quotidiens m'apportent la délectation de Dieu.

Dieu, cet infini : comme il est simple, comme il est proche !

Il y a quelque temps, je suis allée à Tignes. C'était la première rencontre avec les cimes enneigées. Incroyable bonheur, le matin, que de voir le jour se lever sur la montagne.

Je voulais, de la terrasse de l'Hôtel, capter ces images, et qu'elles mûrissent dans ma mémoire.

Ce ne fut pas tout.

Je vis les skieurs apparaître sur une ligne de velours blanc - la poudreuse. Je n'étais pas possédée par l'envie de faire comme eux, mais par le plaisir de comprendre leurs attitudes, leurs dérapages, leurs rapides descentes. Cela m'exaltait.

Cela me fatiguait. La sueur perlait sur mon front.

En rentrant dans ma chambre, le soir, mon corps était à bout d'efforts.

Me demanderait-on de résumer ma vie en quelques mots, je dirais ceci : « J'ai tout partagé avec Dieu, parce que j'ai partagé avec les autres. Ma pauvreté est mon inépuisable richesse. »

J'ai vécu comme les autres. J'allais dire « pour » les autres. Mais cet élan de paroles n'a plus cours dans notre monde matérialisé. Il existe cependant à l'intérieur des faits.

Née privée de bras et de jambes, je ne suis peut-être qu'une partie de l'humain. Mais qu'importe si cette partie, précisément, est porteuse d'âme ? Qu'importe, si ce petit corps peut faire plus, grâce à ce manque, qu'il n'aurait fait dans sa plénitude matérielle ?

Tant de méditations faites, seule ou ensemble, aboutissent, je crois, à cela :

« Le grand secret de l'homme, sur la terre des hommes où nous vivons, n'est-ce pas de découvrir, envers et contre tout, en nous-mêmes, les pépites d'or de l'humain afin de pouvoir partager ce trésor souterrain avec les autres.

Le voici donc ce premier matin tant attendu. De mon lit, face à la fenêtre étroite, je distingue la fine silhouette d'un minaret. Je vois les premières lueurs du jour naissant, mais je n'ose bouger pour ne pas troubler le sommeil de l'amie qui partage ma chambre. Je l'entends remuer, et je réalise qu'elle aussi est réveillée.

Je murmure : C'est bien vrai tu sais, nous sommes à Nazareth. J'y crois, me dit-elle. Veux-tu que nous allions sur la terrasse au lever du jour ? Notre peignoir vite enfilé, nous gagnons la terrasse précautionneusement pour ne pas gêner les endormies, nos voisines.

Nous découvrons alors un immense et merveilleux morceau de ciel d'une extraordinaire luminosité. Les yeux des étoiles s'estompent lentement, éteints par le jour qui monte progressivement, tel un faisceau de lumière indéfinissable sur un décor de théâtre qu'est la ville endormie. Les terrasses en étagements à flanc de colline des maisons arabes apparaissent parées de couleurs bigarées, au milieu desquelles un cyprès monte tout droit vers le ciel comme une prière, dans un silence d'une douceur indescriptible... Un coq lance son joyeux cocorico.

Assises sur le muret qui entoure la terrasse, nous demeurons là, émues, silencieuses, pensant à l'Annonciation. Nazareth, c'est Joseph, travailleur courageux et bon; Marie, toute humble. Leur exil, quitter leur ville – peut-être tout simplement leur village – où ils avaient leur famille; partir pour protéger l'enfant qui va naître; cet enfant qui leur est donné, la Vie donnée... Quelle leçon bouleversante !

Je ne crois pas avoir prié, mais ce fut sûrement le meilleur moment d'adoration.

Découvrir la Terre Sainte en chrétien ! Quelle émotion nous étreint et nous bouleverse en réalisant soudain, après en avoir rêvé si longtemps, que nous sommes là, sur le sol où Jésus enfant ses parents attentifs. Eux, qui « savent déjà », guident ses premiers pas, heureux de le voir grandir. Mais c'est aussi de Nazareth que quelques années plus tard leur fils partira.

Après un succulent petit déjeuner préparé et servi par les sœurs de Nazareth, où nous fûmes accueillis et entourés de délicates attentions pendant quatre jours, nous sommes partis, empruntant une des rues, la plus pittoresque sans doute, étroite, bordée de souks regorgeant de denrées et de marchandises aussi diverses qu'inattendues, pour nous rendre ensuite à la Basilique de l'Annonciation où la messe fut concélébrée par les Pères accompagnant notre pélerinage. Mgr Goupy, évêque de Blois, fit l'homélie en nous rappelant la place de la Vierge Marie dans le plan de Dieu, insistant sur ce qui doit être au cœur de notre foi : l'Incarnation du Fils de Dieu.

Après la cérémonie, j'aurais aimé jouir d'une certaine autonomie pour me recueillir là où l'Ange est apparu à Marie; là où tout était si pauvre – pauvreté que l'on a peine à imaginer aujourd'hui. J'avais tant besoin de silence… mais il fallait suivre le groupe car notre temps était très minuté.

L'Après-midi, nous partons vers Saint-Jean-D'Acre, place forte des Croisés, qui nous charme par son pittoresque et ses ocres incomparables, lumineux et chauds, se détachant sur le bleu de la Méditerranée, douce et palpitante, baignée de soleil, comme en plein été, bien que nous soyons en octobre.

La crypte Saint-Jean retient notre attention, mais aussi l'hôpital des Chevaliers, les vieux quartiers de la ville, les volailles qui caquettent au coin d'une rue, le petit port miniature où quelques barques semblent sommeiller, caressées par les vaguelettes qui les bercent doucement.

Le troisième jour, nous partons vers Naïm en direction du Mont Thabor que nous découvrons majestueux et imposant. La route en lacets nous met en mémoire l'Ascension de Jésus et ses amis. Ils n'avaient ni route ni voiture, et leurs pieds durent être blessés dans ce déluge de pierres. J'en tressaille en les voyant ! Nous montons lentement, et à chaque détour nous extasions sur chaque aspect nouveau jusqu'à notre arrivée sous cette voûte grandiose, telle une nef de cathédrale verdoyante, faite d'eucalyptus et de palmiers géants, nous gagnons ainsi le jardin où nous descendons au milieu des poivriers et des lauriers roses.

Après un court arrêt, nous sommes accueillis par les Pères Franciscains qui nous font l'honneur de leur terrasse dominant la plaine d'Esdrelon avant de nous rendre à la Basilique de la Transfiguration, pour assister à la messe.

Que s'est-il passé dans ce silence ambiant ? Ce haut-lieu de prières me captive. Je voudrais y vivre longtemps...

De la terrasse, je jette un dernier regard sur la plaine d'Esdrelon, si riche en couleurs qu'on dirait un Watteau. Tout près, un mimosa embaume et sert de chambre d'amour aux petits oiseaux bleus qui volettent de branches en fleurs.

Le temps presse, nous reprenons la descente qui conduit au village de Dabbourieh, où Jésus a guéri un épileptique après la Transfiguration.

Après avoir regagné la plaine en direction de Génésareth, nous voyons disparaître lentement la Montagne Sainte.

Nous approchons de Tibériade. Une trouée nous laisse apercevoir le Lac. Une barque semble attendre. Il n'en faut pas plus pour vivre fortement la scène de l'Evangile de Luc. Le décor est là, sous nos yeux, inchangé ou presque, et nous restons sans voix.

Nous descendons du car tout près de l'embarcadère où le bateau nous attend pour nous mener à Capharnaüm. Le lac est agité d'un léger frémissement. Sa couleur est faite de bleus-verts profonds, virant parfois au violet. La rive jordanienne passe du rose au mauve pour devenir ocre-rouge selon le déclin du jour. La rive israélienne est parée de verts de la végétation dense et disciplinée par la culture appropriée que l'on retrouve toujours à proximité des Kibboutz.

Vers le milieu du lac, le bateau stoppe le temps d'une prière, et bientôt nous accostons le débarcadère de Capharnaüm coiffé d'eucalyptus aux immenses racines, telle une pieuvre agrippée au sol. Après une visite assez rapide aux fouilles de la maison de Saint Pierre, nous empruntons la route qui longe le lac sur plusieurs kilomètres et nous avons un autre aspect. Le soleil disparaît, et la lumineuse nuit le couvre rapidement de son manteau de lune.

Les quelques heures de détente prévues le lendemain au Mont des Béatitudes permettent à chacun de réfléchir dans la nature ou dans la priante chapelle en rotonde. Le déambulatoire qui l'entoure permet de contempler une fois de plus, et en le surplombant, le lac rutilant de lumière. Le soleil est chaud, la douceur de vivre semble être partout. Est-il possible que des obus aient labouré le sol de cette terre que l'on vénère ?...

Du sommet de ce Mont, je suis empoignée par le souvenir de Jésus. Il me semble le voir parcourir ces pentes en tous sens. Je l'imagine priant, méditant; et ce n'est pas sans émotion que je redis ces paroles relatées par Luc : *« Le Royaume appartient aux pauvres, aux humbles, aux pacifiques... Il proclame un renversement des valeurs : le salut est un don gratuit de Dieu qui « a rassasié de biens les affamés, et renvoyé les riches les mains vides ». »*

En méditant ce passage de l'Evangile, une angoisse m'étreint subitement, et je me pose cette question à moi-même : « Est-ce que tu ne te trouves pas un peu trop bien dans ta peau ? Es-tu assez pauvre ? Assez humble ? Seigneur, aidez-moi alors à le devenir. »

Un groupe d'amis vient vers moi, et l'un d'eux me pose une question à laquelle je ne sais quoi répondre... et je me trouve « minable ».

Après un long entretien avec nos Amis réunis à l'ombre des palmiers, nous continuons notre périple vers l'extrémité du lac de Tibériade pour découvrir le Jourdain aux eaux transparentes et chaudes. Sur les rives foisonne une végétation extraordinaire sous laquelle il disparaît presque, jouant à cache-cache au cours de ses capricieux méandres. Chacun se précipite pour une baignade partielle. Comme il m'est impossible d'en profiter, un ami a la délicate pensée de prendre au creux de ses mains tout ce qu'elles peuvent contenir, et vient m'asperger les bras de cette eau de source, symbole de conversion, de purification et de vie.

Déjà, l'heure a sonné de notre départ de Nazareth. Nous quittons à regret nos hôtesses avec lesquelles s'est liée une amitié, et notre cœur est plein de tristesse.

L'accueil que nous recevions chaque soir était si chaleureux, compréhensif, réconfortant autant que le plaisir de « nous retrouver » était bien partagé. Nous avions vraiment l'impression de rentrer chez nous comme dans une famille si attentionnée à nos moindres désirs et les prévenant même bien souvent.

Chaque matin, c'était une joie de rejoindre toutes nos amies affairées à préparer notre petit déjeuner, telles des abeilles butinant pour nourrir leurs sœurs...

En cet au revoir où chacun fait effort pour dissimuler son émotion, nous partons avec l'espoir d'un revoir. Oui, avec Dieu tout est possible.

Nous avons ce jour-là un long ruban de route à parcourir, en des paysages aussi variés que merveilleux. Après de nombreuses visites riches d'enseignements, nous arrivons le soir à Jérusalem que nous découvrons nimbée de nuit, de cette nuit si lumineuse en Orient. Ce premier coup d'œil sur la Ville Sainte laisse une impression de « mystère », et, dès le lendemain matin, nous partons à sa découverte.

Nos premiers pas dans la « Vieille Ville » nous font plonger tout à coup dans une ambiance inconnue, extraordinaire. Le chemin de croix commence en parcourant les petites rues commerçantes, cherchant chaque station entre les échoppes, et se frayant un passage dans la foule indifférente et pressée. Les fauteuils roulants sont tirés, poussés par des aides bénévoles. Chacun prie comme il peut avec les nombreuses marches et les vieux pavés cahotants. Tant bien que mal nous arrivons à nous regrouper à chaque station pour une fervente prière, des invocations, et chacun vit dans son cœur et dans son corps plus ou moins endolori, un peu de la souffrance du Crucifié dont nous suivons la trace…

A cette évocation, mon cœur tressaille encore en écrivant ces lignes. Oui, ce fut un chemin de croix douloureux pour ceux qui, déjà, sont chaque jour torturés par la maladie, mais chemin de croix difficile aussi pour tous nos amis valides qui ont mis leurs forces, leurs bras, et leur bonne volonté à notre disposition pour nous permettre de vivre ensemble cet émouvant pélerinage.

J'ai rencontré, pendant nos dix jours de vie partagée, un inlassable dévouement de tous à l'égard de chacun.

J'ai vécu en profondeur cette merveilleuse fraternité, sans heurt, dans un climat de simplicité confiante, sans équivoque.

En conclusion : Ce fut, j'en suis persuadée, un Chemin de Croix vécu de souffrances, peut-être, mais d'amour, sûrement…

Germaine arrive

Juste un regard sur ces dernières années passées si rapidement.

Ma sœur, seule depuis le décès de son mari, décide tout à coup de venir habiter avec moi. C'était inespéré.

Elle n'aimait pas voyager, et j'avais de nombreuses demandes pour faire des conférences. Nous avons donc décidé que j'engagerais une jeune fille, de préférence, pour m'accompagner.

Souvent, j'avais plusieurs conférences prévues dans une région. J'y étais reçue dans une famille au centre de mes déplacements.

Ce fut une longue période pleine de vie et d'incidents pas toujours agréables, mais malgré tout parfois amusants.

Je me souviens d'une soirée organisée par la Présidente d'un groupe culturel. Elle avait téléphoné chez les amis où j'avais mon « quartier général ». Vers 15 heures, deux responsables du voyage arrivèrent à l'heure précise, après avoir franchi les soixante dix kilomètres. Je fus reçue à la Mairie par tout le groupe de responsables. Puis nous sommes allés à la messe...

La conférence était prévue aussitôt après, et je fus désagréablement surprise qu'un repas n'ait pas été prévu car j'avais faim ! Le comble fut, après la réunion, de voir les deux chauffeurs venir me chercher, me conduire à la voiture et prendre place au volant. L'un d'eux me dit :

– Vous aviez beaucoup de monde, et vos auditeurs étaient ravis. J'ai entendu quelques commentaires... Nous n'avons pas pu vous écouter car nous sommes allés dîner avant de reprendre la route.

– Vous avez bien fait dis-je, j'aurais aimé en faire autant car j'ai une faim de loup.

S'adressant à son compagnon il dit :

– Tu vois, je l'avais bien dit à la présidente de prévoir un « en-cas », mais elle a répondu surprise :
« Ah! vous croyez qu'elle mange ? ».

J'ai répondu en riant :

– Je ne suis pas un ange vous savez !

Ils étaient ennuyés de cette situation, aussi j'ai détendu l'atmosphère en plaisantant sur la soirée, sur les questions posées souvent amusantes.

Second voyage à Montréal

C'est en mai 1975 que le docteur Auclair me demanda de participer au symposium sur « la dignité de la femme dans la liberté », qui avait lieu à l'Oratoire Saint-Joseph du Mont Royal à Montréal.

Etant donné le thème concernant l'interruption de grossesse pour un bébé pouvant avoir un handicap, sur l'insistance du président j'acceptais cet aller-retour en cinq jours.

Après avoir assisté à trois conférences, ce fut mon tour d'intervenir auprès d'un public sympathique, et malgré quelques contestataires, je fus très applaudie. De nombreuses personnes, des jeunes, se précipitèrent pour me poser des questions.

Devant ce résultat, le président me dit :

– Nous avons une autre réunion à Québec demain. J'aimerais que vous y participiez. Vous rendez-vous compte de l'impact de votre témoignage ?

Un peu réticente, je dis au docteur :

– Vous rendez-vous compte, vous aussi, que mon avion décolle après-demain à 15 heures ?

– Peu importe, dit-il, je vais téléphoner pour que vous partiez par le vol de nuit, départ à minuit un quart. Vous dormirez dans l'avion si vous êtes fatiguée, ajouta-t-il en m'embrassant.

A Québec ce fut enthousiasmant. Après la conférence, je fus invitée au Château de Fontenac pour un copieux goûter, avant de reprendre la route de Montréal où des amis m'attendaient pour dîner. J'arrivai vers vingt-trois heures morte de fatigue, mais la chaleur de leur accueil fut tonifiante, et c'est vers trois heures du matin que je regagnai ma chambre.

Il était entendu que nous prenions notre dîner à l'aéroport pour que notre séparation soit moins triste.

Au cours du repas, un client fit servir une bouteille de champagne et vint boire une coupe avec nous en me disant : « Je voulais vous dire que je vous aime beaucoup ! »

Souvenir douloureux

Au cours d'une séance de signature, j'ai fait la connaissance de l'aumônier de la Centrale de Pontoise. Cet homme si sympathique me fit part des douloureux problèmes rencontrés avec les détenus, surtout les jeunes. J'en fus bouleversée.

Le lendemain, le Père Lehou me téléphonait : « Cette nuit, j'ai pensé à notre rencontre. Ce n'est pas pour rien. Il faut que

« L'automne est passé par là »

Moment de tendresse avec la petite Audrey

vous veniez parler à ces jeunes détenus, de 15-18 ans. Une date fut retenue très vite. Un après-midi, de 13 h 30 à 18 h…

En découvrant tant de détresse je restai sans voix…, puis je réagis. Il fallait parler, leur dire qu'il y en avait d'autres qui souffraient aussi. Je leur ai longuement parlé de mon enfance, adolescence, mais aussi des autres autour de moi…, de ce garçon né privé de ses membres et vivant dans un centre, ne voyant ses parents que deux ou trois fois dans l'année. Ces autres, atteints de maladies évolutives. Ce jeune père atteint d'arthérite, mutilé par une cinquantaine d'opérations, abandonné par sa femme et privé de ses enfants, vivant jour et nuit de sa souffrance physique. Et tant d'autres encore…

Ce furent alors des exclamations !… Mais je mérite une punition !… Mais alors ceux-là, ils n'ont pas fait de « conneries » !…

Je les écoutais avec mon cœur, et l'un d'eux me confia :

« Vous comprenez, je n'ai pas eu de père, et ma mère vit avec un type qui boit. Il me donnait des coups de couteau. Je couchais sous un escalier entre les poubelles et j'avais peur. Je volais pour becter… et je me suis fait prendre pour un pull, car j'avais froid. J'en ai pris pour six mois. Quand je suis sorti, je ne suis plus jamais allé dans mon quartier, car j'avais trop peur qu'il me tue. Pour vivre, je rendais service sur des parkings. Je faisais la manche pour manger, et quand l'hiver est venu, j'ai volé pour revenir ici, car, là au moins, je mange et je ne crève pas de froid.

C'était le cas de la plupart afin de revenir en prison pour l'hiver !!!

J'étais malade d'entendre toutes leurs confidences de gosses mal aimés, n'ayant jamais connu l'amour de leurs parents.

Si j'ai des enfants un jour me dit Jérôme, je crois que je les aimerais très fort pour qu'ils soient heureux, qu'ils aient le bonheur que je n'ai pas connu. Oui, je saurais les aimer, dit-il, les yeux brillants d'espoir.

Un des aînés me confie : « Je suis condamné pour avoir abusé d'une fille. Elle faisait du stop à trois heures du matin, car elle voulait remonter sur Paris. Nous étions quatre copains à avoir fait la fête, et avions trop bu. Le chauffeur la fit monter, et vers quatre heures, nous arrivions chez lui. La fille fut la « proie volontaire » des trois autres, car moi, je m'étais endormi dans un coin. D'un coup, je fus réveillé en sursaut par trois agents qui discutaient avec les autres. La fille me désigna en disant : « C'est lui qui me tenait pendant que les autres abusaient de moi. » Je protestai..., mais je fus arrêté et condamné à cinq ans, alors que les autres n'ont eu que deux et trois ans. C'est révoltant. Surtout que j'ai une amie. Nous devions nous marier en janvier. Elle a eu une petite fille en février. Il paraît qu'elle me ressemble, dit-il en pleurant. J'ai dit à Sophie qu'elle fasse sa vie avec un autre, mais elle ne veut rien entendre. Elle dit qu'elle m'attendra, et moi, cela me torture, car nous pourrions être si heureux. Ah ! pourquoi je suis parti avec ces copains ? Tenez, ma petite à six semaines. Elle était déjà belle. »

– C'est vrai, c'est un beau bébé, dis-je, mais peut-être serez-vous gracié ! Il faut toujours espérer. Alors, ayez confiance.

L'aumônier, en effet, trouva une entreprise qui accepta de l'engager sous conditions. Il devait être contrôlé chaque semaine. Mais son comportement, son travail et sa conduite furent tels que trois ans plus tard, il épousait Sophie. Eut lieu aussi le baptême de Francine et de son petit frère Vincent qui venait de naître.

Je les ai perdus de vue, mais je pense souvent à eux, souhaitant qu'ils soient heureux.

J'aimerais que cette histoire vécue donne l'espoir à ces jeunes et moins jeunes désespérés.

« Au-delà des nuages, disait Sainte Thérèse, *le ciel est toujours bleu. »*

A Cambrai

Je garde un souvenir pénible de la rencontre, à la Base aérienne de Cambrai, des nouvelles recrues, tous sursitaires, acceptant mal la vie en caserne. Suite à deux suicides en trois semaines, l'assistante sociale proposa de me faire venir pour un débat sur le respect de la vie.

J'eus à faire face à des révoltés, des dépressifs. Certains, partisans de l'avortement, de l'euthanasie pour des incurables.
J'ai tenu tête pendant une heure et demie, et le Commandant mit fin à mon supplice en disant :
« Messieurs, Je voudrais que vous ayez le courage, la volonté et la foi de Denise Legrix. Vous seriez sûrement plus à l'aise dans votre peau. »

Il y eut un tonnerre d'applaudissements.
Aussitôt dans la voiture, j'éclatais en sanglots.

Droguée ! Pourquoi ?

Comme chaque semaine, France s'absentait du mardi matin au mercredi soir. Une amie venait alors la remplacer, mais jusqu'au mercredi matin, et je me retrouvais seule jusqu'au soir. Ma sœur était hospitalisée depuis dix jours. J'avais déjà beaucoup de soucis pour sa santé. Mais ce mercredi soir, ne voyant pas France rentrer, je fus prise d'une certaine angoisse, car habituellement, elle était toujours là vers dix-huit heures.
La visite imprévue d'un séminariste de la paroisse me fit passer un moment qui atténua un peu ce souci. L'heure avançait… et tout à coup le téléphone sonna. Une voix inconnue me dit :
« N'attendez pas France ce soir. Elle s'est droguée et est incapable de reprendre le travail chez vous, ni ce soir, ni demain. »

Je protestai : Mais je ne peux vivre seule ! Qu'elle me donne quelques jours pour trouver une remplaçante ?

« N'y comptez pas. Le docteur l'a hospitalisée. C'est grave. Une assistante sociale viendra demain chercher sa valise. »

Est-elle en danger ? demandai-je. Mais la personne avait raccroché.

Mon visiteur avait tout entendu. Mais qu'allez-vous devenir ? Je répétais, mon Dieu, que faire ? Je ne sais pas Dominique, c'est tellement imprévu... Il me proposa de manger avec moi, mais rien n'était prévu. Voyant des œufs, il me proposa de faire une omelette en précisant : « C'est tout ce que je sais faire en cuisine. Mais, à la cure, ils la trouvent bonne. »

Comme annoncée, une assistante vint le lendemain chercher la valise, et nous fîmes la découverte d'une quantité de médicaments de toutes sortes... En manque de sa drogue, elle absorbait n'importe quoi.

Voyant cela cette femme arrogante me reprocha de ne pas l'avoir surveillée.

– Mais, elle a 26 ans ! J'étais loin de penser que...

– Vous ne saviez donc pas qu'elle avait déjà été désintoxiquée ?

En effet, je l'ignorais totalement. Je n'en ai jamais plus eu de nouvelles ! Pauvre petite !

Je fis appel à une aimable voisine qui vint le soir me dépanner. Mais elle prenait son travail à six heures chaque matin. Elle me proposa de revenir, mais je devais me lever à cinq heures pour ne pas la retarder.

Ce fut ainsi pendant deux jours, soir et matin. Le troisième jour, une jeune fille, en recherche de travail, vint me proposer ses services. Elle arrivait de province, et me confia qu'elle venait surtout pour visiter Paris. Alors, chaque après-midi, elle partait, et je me demandais toujours si elle allait rentrer.

Un ami, chauffeur de taxi, passait me prendre vers treize heures pour aller à l'hôpital où était ma sœur.

Germaine me demandait :
– Pourquoi France n'est pas avec toi ?

– Elle redoute l'atmosphère de l'hôpital, mais elle t'embrasse de loin. (Je ne voulais pas l'inquiéter).

J'ai eu une étudiante pendant quelques mois. Germaine était rentrée. Ce fut enfin un moment de sécurité.

Mon Dieu ! Que la vie est suave... mais parfois si difficile!

Pavillon Denise Legrix

Suite à une lettre de parents désespérés, je les invitais à venir déjeuner afin de les mettre à l'aise. Ils avaient eu, quelques mois plus tôt, une petite fille toute mignonne, mais atteinte d'un lourd handicap physique. A la pouponnière, on conseilla à ces pauvres parents de ne pas garder la petite chez eux, car ils ne pourraient plus avoir les soins gratuits. Il était même souhaitable qu'une fois placée, ils ne viennent plus voir leur bébé. C'était odieux !!!

Après avoir bien étudié leur désir de la sortir de ce milieu, il fut décidé de la confier à l'I.N.R. (Institut national de réadaptation) réalisé par l'opération « Espoir », afin qu'ils puissent en toute liberté voir leur enfant, et prendre leur petite fille aux petites et grandes vacances.

Enfin, ils purent profiter de leur enfant. Et avec une grande joie, ils venaient passer deux week-end par mois avec elle, au Pavillon qui porte mon nom.

Quel bonheur retrouvé !

Lourdes

C'est en août de l'année que je fus sollicitée pour assumer, chaque jour, des conférences à des pèlcrins, à Lourdes.

En arrivant je compris très vite qu'il y avait eu un changement de programme. Des affiches annonçaient le conférencier, Jacques Lebreton. J'en fus très heureuse, car j'ai eu ainsi tout mon temps libre pour rendre visite aux pèlerins les plus abandonnés parce que retenus à la chambre pour, quelque fois, des petits maux.

Je fus très occcupée à consoler les uns et les autres, comme cette dame si triste de ne pouvoir aller à la Grotte, à cause d'une petite fièvre. Je luis dis :

– Consolez-vous, mon amie, la Sainte Vierge n'est pas seulement là-bas ! Elle est aussi près de vous et vous n'y faites pas attention. Faisons un paquet de votre fièvre, et, en partant, nous irons le jeter dans le Gave. Demain, vous pourrez sortir !...

Le lendemain, appelée à l'hôpital pour un autre malade, je rencontrai en sortant la personne de la veille. Elle rayonnait et me dit :

– Votre petit paquet dans le Gave, c'est une réussite ! A vingt-et-une heures hier au soir, je n'avais plus de fièvre ! Je suis sortie toute la journée.

Un jour, au cours d'une réunion, je me trouve placée auprès d'une personne complètement défigurée. Elle pleurait, et chaque fois qu'elle déplaçait son mouchoir sur son pauvre visage, je le découvrais un peu plus. J'en étais bouleversée. Je lui adressai la parole et l'embrassai de tout mon cœur. Alors ses sanglots redoublèrent.

– Je ne vous ai pas embrassé pour vous faire de la peine, lui dis-je, au bord des larmes.

Elle me répondit avec un pauvre sourire :

– Vous ne m'avez pas fait de peine. Mais depuis six ans que je suis malade, jamais personne ne m'a embrassée.

Une autre fois, rentrée à Paris, cela m'est arrivé. Rendant visite à une amie à l'hôpital de Villejuif, je remarquai une femme assise sur son lit, les jambes repliées et le visage dans ses mains, qui pleurait avec un gémissement d'enfant. Je m'approchai pour lui parler... Elle était belle, mais d'une maigreur impressionnante. Elle me confia que, mariée à un Tunisien, on l'avait renvoyée en France pour être mieux soignée.

– En trois ans, mon mari est venu une seule fois. Et, depuis sa visite, personne ne m'a embrassée. Je vais mourir sans avoir revu mes enfants... Ils ne m'écrivent même plus !

Je promis de revenir, mais mon amie fut transférée en province, près de chez elle, son état s'étant aggravé.

J'ai toujours le regret de n'avoir pu retourner à Villejuif.

Gai Logis

Invitée dans un foyer pour jeunes mamans célibataires, je fus émerveillée par l'accueil si chaleureux, et l'ambiance qui régnait entre toutes.

La directrice me fit part de ses impressions :

« Elles sont généreuses, me dit-elle, et se proposent mutuellement pour garder un enfant afin que la petite maman puisse sortir un soir. »

Elle ajouta en riant : « Ce n'est pas toujours le cas. Il suffit d'un élément perturbateur pour créer la division. »

Après le repas « en famille », je donnai mon témoignage de vie. Leur ayant dit ma souffrance de ne pouvoir « pouponner » un bébé, pas même pouvoir le tenir dans mes bras, je vis arriver tout à coup cinq petites mamans tenant, elles, dans leurs bras, leur bébé endormi.

Elles me le présentèrent chacune comme un don, s'agenouillant pour que je puisse les embrasser...

Quel merveilleux moment que cet échange plein de tendresse, sous les applaudissements de la salle. J'ai eu, ce soir-là, l'impression d'avoir embrassé tous les enfants du monde pour les garder dans mon cœur sevré d'amour.

Dernièrement, j'ai reçu une lettre d'une de ces mamans, me relatant cette soirée. Elle est mariée, a quatre enfants et un bon mari... Elle est très heureuse.

Ces nombreux foyers ont été crées par mon amie, Thérèse Cornille, pour accueillir des jeunes filles en difficulté.
Son initiative a sauvé, et sauve toujours, beaucoup de mamans et leurs enfants.

Quelle œuvre merveilleuse. Thérèse, soyez-en bénie.

A.P.B.P.

En octobre 1987, la Société d'Edition des Peintres de la Bouche et du Pied fut invitée à exposer dans les salons du Conseil de l'Europe, à Strasbourg.

Deux semaines de présence pour accueillir les nombreux visiteurs, même ceux de passage dans cette ville qu'on ne se lasse pas de visiter.

Au cours de cette exposition, je garde un excellent souvenir d'une soirée organisée pour les artistes, tant l'ambiance fut joyeuse.

Véronique

C'était en janvier, nous avions projeté avec Germaine de prendre deux semaines à Riva, pour un peu de calme... enfin, nous reposer.

Au courrier, la veille de partir, un ami belge nous demandait de le recevoir avec des parents et leur fillette de douze ans qui venait pour une consultation à Villejuif. Deux jours plus tard, nous avons fait connaissance de cette ravissante enfant, joyeuse et pleine d'humour. Le lendemain, au retour de la consultation, elle restait joyeuse en me disant:
– Il faut que je vienne pour des rayons, mais ça ne fait pas souffrir, et puis, je visiterai Paris.

Les pauvres parents avaient reçu le diagnostic du professeur comme un glaive dans leur cœur. Elle n'avait que trois mois à vivre! Nous étions tous bouleversés, mais il fallait être à l'unisson de l'espoir de cet enfant.

Sa première séance de rayons la fatigua énormément. Mais nous devions continuer à rire et la faire rire aussi.

Avec des interruptions de retour chez elle, le traitement fut de plus en plus fatigant. Elle ne mangeait plus et son beau sourire s'éteignait chaque jour un peu plus.

Elle quitta Villejuif pour rentrer chez elle après une mutilante intervention.

En me quittant, je lui dis:

– Je viendrai bientôt te voir faire du cheval.

Elle eut un adorable sourire en me disant:

– Oui, Denise, à bientôt...

Quelques jours plus tard, le téléphone sonna. Une voix méconnaissable me dit: « Véronique s'est endormie à trois heures, ce matin... »

Clarisse

Une éducatrice d'un Foyer dit « Centre de triage », où des jeunes (filles) en cavale étaient groupées pour être dirigées dans des écoles spécialisées, me demanda de partager leur repas afin de pouvoir échanger avec ces jeunes filles.

L'une d'elles m'impressionna beaucoup. Clarisse était particulièrement aggressive, avec un regard dur et fuyant...

Au repas, elle vint prendre place à ma gauche. Elle fut désagréable avec ses compagnes et je lui en fis fermement le reproche. Elle ne répondit pas.

Au dessert, je lui demandais de me faire manger un yaourth. Mais ma voisine de droite dit:

– Oh! J'aurais voulu vous aider! Mais Clarisse, j'ai une bonne idée! Une cuiller de toi, une de Josette... Tu veux bien?

Ce fut un éclat de rire... Le visage de Clarisse changea... Il était moins crispé.

A mon départ, je l'ai embrassée. Dans la soirée, elle dit à la monitrice:
– Si j'avais eu une mère comme Denise, je ne serais pas dans votre boîte aujourd'hui.

Pauvre gosse...

Minette

Nous avions remarqué cette sauvageonne de petite chatte élevée dans les caves, mais elle venait vers nous chaque fois que nous sortions. Elle cherchait les caresses car avec un ventre si gros, elle attendait des petits.

Elle est rentrée un soir dans l'appartement et elle fut adoptée. Elle restait toute la journée avec nous et, vers vingt heures, elle demandait à sortir et regagnait son domaine la « cave ».

Un matin, elle est arrivée avec un bébé-chat qu'elle nous offrit comme cadeau. Mais elle fit quatre voyages... Elle était si petite qu'elle ne pouvait les élever. Alors une décision fut prise de ne lui en laisser qu'un seul...

Elle chercha les autres en miaulant, et le soir, elle m'apporta le survivant et le déposa sur moi. Ne pouvant le retenir, il roula, et fut tué sur le coup.

Je décidais alors de la faire soigner et opérer afin qu'elle ne reproduise plus. Elle était mignonne et très drôle. Lorsqu'elle nous voyait faire nos valises pour une courte absence, elle montait dans la valise pour nous empêcher de la remplir.

Ma secrétaire lui donnait ses repas chaque jour. A chacun de nos retours, elle arrivait à la voiture sans que nous l'ayons vue, et c'était des caresses à n'en plus finir.

Un jour, nous la cherchions en vain, lorsque je la découvris enroulée dans une casserole en cuive rouge, posée sur un radiateur. Elle avait découvert cet endroit idéal et chaud pour dormir.

Lorsque j'écrivais, elle sautait sur le bureau, et sans me déranger, elle suivait des yeux la course du stylo.

Chaque matin, vers six heures, elle était sur ma fenêtre et appelait pour que j'ouvre les volets. Elle restait un petit temps pour des caresses, puis allait trouver ma voisine de chambre.

C'était la Fête.

Mais un matin, j'ouvris les volets, croyant l'avoir entendue, hélas nous ne l'avons jamais revue. Nous avons cherché sur la route, les allées, partout.

Adieu Minette.

Manou

J'avais eu pour partager ma vie, pendant six années, une personne charmante, agréable et cultivée. Avec elle, la vie était sans complication, jusqu'au jour où, ayant fait la connaissance d'un estivant, presque voisin d'ailleurs, elle m'annonça brusquement qu'elle partait à la fin du mois pour se remarier. Ce fut un choc. Mais j'étais heureuse pour elle... Refaire sa vie à soixante-douze ans, ce n'est pas si mal.

Je n'ai pas connu son mari, car il ne voulait pas me rencontrer m'a-t-elle dit. Elle-même souhaitait m'oublier...

Je n'insistais pas... Ce fut donc le silence, jusqu'au jour où je reçus une lettre désespérée. Son compagnon était décédé. Elle me demandait de ne pas l'abandonner. Elle habitait la proche banlieue parisienne. Elle était si malheureuse que nos relations reprirent comme « avant ». J'avais gardé beaucoup d'amitié pour elle. Arrivée chez moi à un moment où je traversais une période difficile, je lui serai toujours reconnaissante d'avoir facilité ma vie, rendant ces années agréables.

Alors, elle prit l'habitude de me rendre visite chaque semaine. Mais un jour, elle eut des problèmes de santé, et c'est moi qui alla la voir à l'hôpital. A sa sortie, elle vint se reposer quelques semaines chez moi. Son état s'améliorant, elle manifesta le désir de rentrer chez elle.

Suite à une chute, elle fut de nouveau hospitalisée, puis dirigée ensuite vers une Maison de convalescence. Elle revint chez moi en attendant d'être opérée d'une cataracte... qui fut un succès.

Je l'accueillis de nouveau pour un mois de convalescence, mais elle devenait très exigeante. Aussi, elle partit dans une Maison médicalisée pour y être mieux suivie.

A chaque visite, je la trouvais diminuée. Elle était devenue agressive avec moi, et je compris qu'elle était manipulée par une employée qui se faisait remettre tout son argent, la clef de son pavillon. Des voisins, surpris de voir son déménagement, me téléphonèrent, pour me dire qu'un camion avait tout emporté.

Malheureusement, je ne pouvais plus rien faire pour la protéger. Elle me repoussait à chacune de mes visites.

Pauvre Manou, elle est partie quelques mois plus tard, dépouillée de tout ce qu'elle avait de plus cher. Elle m'avait toujours dit qu'elle voulait être inhumée civilement. Malgré ma peine, je respectai sa volonté, demandant seulement à un ami, prêtre, de venir prier et la bénir. J'avais fait cueillir les roses de son jardin, et nous en avons fleuri son cercueil en un dernier adieu.

Cette douloureuse expérience m'a fait comprendre à quel point on pouvait parfois abuser des personnes âgées !

Entretien avec un Prof

Un professeur du collège où je devais faire une conférence vint me prendre à l'heure convenue. Je constatais que cette jeune femme, plutôt jolie, était d'une nervosité un peu inquiétante dans ses paroles et dans sa conduite.

Elle me dit brutalement :

– Si j'ai bien compris, vous êtes contre l'avortement ?

J'acquiessai. Alors elle ajouta :
– Eh bien moi ! je suis pour. Vous comprenez ?
Nous arrivions et je ne pus lui répondre.

Mon entretien avec les élèves suscita de nombreuses questions, qui se prolongèrent jusqu'à ce que la cloche sonne le repas.

Je vis arriver mon chauffeur, une toute autre femme..., qui me dit timidement :

– Je vous invite à déjeuner. Je voudrais vous parler.

– Je compris que c'était important pour elle, et j'acceptai.

Assise, elle enchaîna... J'ai eu une petite fille bien constituée, mais pendant toute ma grossesse, j'ai eu la hantise que mon bébé ait un handicap. Je ne dormais plus. On en parlait tellement depuis le drame de Liège, que toutes les futures mamans avaient peur. J'avais alors décidé de me faire avorter si je me retrouvais enceinte. C'est pourquoi ce matin, vous avez dû me trouver bien nerveuse... Mais j'ai voulu vous entendre, et je dois vous dire maintenant que même si je devais avoir un enfant avec un handicap, je le garderais...

Oui, je le garderais, répéta-t-elle, les larmes aux yeux, car j'ai compris votre message, et vous avez raison. Il faut respecter la vie.

Nos élèves ont été ravies. Quelle chance que vous soyez venue !

TROISIÈME PARTIE

ANEEAD, mon enfant

Depuis sa création jusqu'à ce jour

Symphonie de couleurs

Denise Legrix

ASSOCIATION NATIONALE D'ENTRAIDE AUX ENFANTS ET ADULTES DYSMELIQUES
Membre fondateur : Denise LEGRIX
Siège Social : 10, rue du Jura 75013 PARIS – CCP 2061-99K PARIS

L'A.N.E.E.A.D. a été fondée en 1970 par Denise LEGRIX connue par ses tableaux, car elle est artiste peintre et fait partie de l'Association des Artistes Peignant de la bouche et du pied, et par son autobiographie Née comme ça, qui a reçu le prix Albert SCHWEITZER.

Denise, privée de bras et de jambes, n'a cessé de se battre pour la cause des personnes ayant un handicap.
En 1962, quelques mois après l'affaire de Liège, elle participe à Radio Luxembourg à l'opération « Espoir », et, grâce à l'argent récolté, en 1968 est construit à Saint-Maurice le Pavillon Denise LEGRIX. C'est le début de l'INR (Institut National de Réadaptation).

Après des contacts avec l'Association belge DYSMELIA, dont le président, Paul Marcoux, est un grand ami de Denise, elle crée, avec quelques parents, l'A.N.E.E.A.D. en 1970.

Sont atteints de dysmélie les personnes privées en totalité ou en partie d'un ou plusieurs membres, que ce soit de naissance ou d'accident. On sait les débats récents que de tels handicaps ont pu susciter, et comment, en invoquant l'euthanasie, des associations criminelles ont pu être constituées. La pudeur nous retient d'en dire davantage.
Cette association se veut apolitique et non confessionnelle, soucieuse d'un total respect des convictions de chacun.
« Son but est clairement défini par ses statuts :
– sortir les parents de leur isolement moral dès la naissance d'un enfant dysmélique; les renseigner sur les possibilités qu'ont leurs enfants de recevoir des soins, un appareillage et une prothèse adaptée, dès leur jeune âge; leur permettre de

faire suivre à leurs enfants des séances de rééducation; les aider à remplir leur rôle d'intermédiaire entre l'enfant dysmélique et la société;

– faciliter les contacts humains entre parents d'enfants dysméliques, afin que les expériences de chacun puissent bénéficier à tous, et servir de stimulant mutuel;

– conseiller les adultes dysméliques sur les possibilités de rééducation qui leur sont offertes;

– faciliter la réadaptation des enfants et adultes dysméliques et, dans la mesure du possible, leur insertion dans une vie professionnelle et sociale normale;

– prendre contact avec les associations similaires qui peuvent exister à l'étranger;

– enfin, auprès des pouvoirs publics, défendre les intérêts sociaux des dysméliques enfants ou adultes. »

Dans ses activités, l'A.N.E.E.A.D. accorde beaucoup de place aux rencontres : week-end d'Assemblée générale, journées d'amitié (alliant tourisme et réunion de travail), camps de vacances où les jeunes enfants, avec ou sans leurs parents, frères et sœurs, sont pris en charge par des moniteurs. Ils peuvent, au contact des autres, acquérir une meilleure autonomie dans la vie quotidienne, et profiter des activités du groupe : ateliers, sports, tourisme...

Vie de l'A.N.E.E.A.D. :
Les mots de Denise aux Assemblées générales

Extraits A.G. 1972

... Nous sommes une jeune Association qui en est à sa deuxième A.G., aussi avons nous besoin de votre participation.

Il est réconfortant de se sentir entouré et nous avons besoin de cette chaleur humaine. Je ne parle d'ailleurs pas seulement en mon nom, mais aussi au nom des parents et des enfants atteints par la dysmélie. Ceux qui sont présents ici savent combien nous les aimons et désirons les aider, mais je pense aussi à ceux que nous ne connaissons pas, qui se débattent seuls avec leurs problèmes. Sans doute par manque d'information. Aussi, je souhaite de tout cœur qu'ils viennent se joindre à notre Association pour former une grande famille.

Si j'ai le cœur serré en pensant aux absents, j'ai aussi la joie d'avoir parmi nous le docteur Paul Marcoux et sa femme, qui n'ont pas hésité à quitter la Belgique pour participer à notre Assemblée.

Qui, mieux que le docteur Marcoux pourrait nous aider de son expérience de la dysmélie, puisqu'il est le fondateur de l'Association des parents d'enfants dysméliques et d'enfants victimes de la thalidomide, afin de leur apporter le soutien moral et les conseils nécessaires pour faire face aux difficultés, aidés en cela par le dévouement de sa femme.

Après avoir créé un camp école regroupant au cours des vacances, parents et enfants belges, il a depuis deux ans invité des familles françaises à se joindre à eux. Il est pour nous un exemple, un soutien, et c'est à ce titre, qu'il y a un an, lors de notre Assemblée générale, nous l'avons nommé Membre d'Honneur de notre Association.

Qui plus que lui méritait ce titre ?

Extrait A.G. 1974

... En effet, nous préférons nous réunir dans l'ambiance toute récente de nos camps de vacances qui ont lieu en été, afin de vous faire partager les sentiments enthousiastes de ceux qui les ont vécus, car ils ont été parfaitement réussis, et je suis heureuse de l'occasion qui m'est donnée pour remercier encore nos hôtesses, nos monitrices, nos moniteurs qui se sont dépensés sans compter pour leurs jeunes campeurs et leurs parents, car ce fut un partage dans l'amitié. Et les participants n'ont qu'un souhait, c'est d'y retourner l'année suivante.

Que cela nous fait chaud au cœur.

Ainsi que vous pouvez le constater, notre Association se porte bien.

Extraits A.G. 1978

... Comme toujours dans la vie, il y a des événements négatifs et des événements positifs. Je pense que la venue des neuf nouvelles familles en 1977, fait partie des événements positifs, et je souhaite vivement que l'A.N.E.E.A.D., avec le sang neuf apporté par ces jeunes parents, puisse développer encore les relations amicales, la compréhension des soucis de chacun, et l'espérance réaliste dans les problèmes partagés. C'est mon vœux le plus fervent.

Extraits A.G. 1979

... Le handicap n'a que l'importance qu'on lui donne. Ainsi: Ne pas grossir le handicap d'après les apparences.

Considérer l'enfant comme ses frères avec la même tendresse, avec la même fermeté. Lui faciliter l'accès aux choses qu'il doit saisir, la préhension. Manifester beaucoup de confiance en lui-même, en ses possibilités pour arriver à un maximum d'autonomie quel que soit le handicap.

Avoir recours aux prothèses, qu'elles soient pour lui comme un jouet pour faciliter la préhension et non pas pour cacher.

Ne jamais décourager l'enfant sans bras qui, naturellement, utilise ses pieds pour boire, manger, écrire, et pour tout ce qui lui est nécessaire.

Selon le handicap, aider l'enfant à utiliser au maximum, l'adresse, l'équilibre dans l'action, développer le goût de l'effort, la gymnastique, le sport, même si ce n'est qu'un jeu, dès l'enfance.

Partager tous ses efforts à petites doses pour l'encourager à faire un peu plus chaque jour.

Ne jamais dramatiser, mais accepter avec lui ce qui est impossible.

S'il n'a pas de jambes, il ne pourra pas danser peut-être, mais il aura les compensations du manuel, de l'intellectuel ou de l'artiste, et, pour certains, du sportif. Je pense à Lionel, à Valérie et à tant d'autres.

Il ne faut laisser aucune capacité ou talent inexpérimenté.

Agir avec l'enfant dc façon naturelle comme pour ses frères et sœurs, car c'est avec eux qu'il doit évoluer, comme il est et avec ce qu'il a.

Celui qui est de petite taille peut être grand par sa valeur d'homme.

Le handicap physique ne doit pas empêcher l'esprit d'agir et de se développer. Mais, pour cela, il faut tout mettre en œuvre pour essayer de l'accepter. C'est un effort à poursuivre chaque jour.

En ce qui me concerne, la Foi en Dieu fut toujours pour moi d'une très grande force, mais je suis convaincue que l'amour de la vie est également vivifiant.

Certains enfants dits « handicapés » regorgent de cet amour de la vie, alors que d'autres, auxquels il ne manque rien physiquement, semblent parfois tristes et insatisfaits.

C'est une tendance naturelle de voir d'abord les manques. Ce que l'on interprète comme des « limites », et qui ne le seront peut-être pas.

L'idéal serait, me semble-t-il, d'accepter le handicap et de vivre avec... comme s'il n'existait pas.

Il ne faut pas se polariser sur le manque mais, plutôt, sur toutes les possibilités insoupçonnées qui sont en réserves, et que l'on découvre de jour en jour.

Parler de ceux qui ont un handicap en tant qu' « handicapés » transforme votre regard en un regard de pitié.

Ce regard est amoindrissant pour eux. C'est mal les voir et c'est leur faire mal.

Il faut se persuader que vivre avec un handicap ne veut pas dire nécessairement être un handicapé.

Être handicapé, c'est un état qui semble définitif. Avoir un handicap, ça laisse place à toutes sortes de possibilités.

Il est important que chacun s'imprègne de cette pensée qui suscite dynamisme et confiance dans l'avenir.

« Que cet espoir serve de tremplin pour partir dans la vie et l'affronter avec ses difficultés. Mais aussi ses joies.

« C'est en ce sens que l'A.N.E.E.A.D. essaie de vous aider.

« C'est son but et c'est aussi le mien. »

Extraits A.G. 1980

... Mes chers amis, Je dois, pour la dernière fois en tant que Présidente de l'A.N.E.E.A.D., vous rendre compte de notre mission 1980, de ce qu'elle nous a apporté en tant que contacts épistolaires et rencontres avec de nouvelles familles.

... Je souhaite vivement que pour nos amis que nous accueillons aujourd'hui, les questions et les réponses se fassent en toute simplicité, pour que chacun reparte avec le cœur plus heureux, en ayant la certitude que de nouveaux amis sont maintenant à leur disposition pour les renseigner et les épauler le cas échéant.

Quant à moi, si je me retire d'une place que je détiens depuis trop longtemps, à mon gré, au sein de l'A.N.E.E.A.D., soyez assurés que je resterai toujours à votre disposition, et aussi proche que vous le souhaiterez.

Mon vœu le plus cher est que l'harmonie règne au sein de l'A.N.E.E.A.D., comme entre les familles, afin que chacune d'elles y puise le réconfort dont elle a besoin, au moment même ou elle se manifeste pour faire face à une difficulté.

Répondre, accueillir les parents avec une amicale compréhension, c'est déjà tendre la main au petit qui n'en a pas, c'est préparer la marche à l'enfant privé de jambes.

C'est déjà l'aider à faire face à demain.

Un demain que je souhaite si heureux, si fort et plein de joie pour chacun.

Je suis convaincue que c'est la motivation la plus forte et la plus enthousiasmante qui vous permettra de faire bonne route ensemble, avec le souci des autres.

Pour aider vos enfants à devenir des hommes.

Extraits A.G. 1981

... Au cours des 2500 conférences que j'ai données dans différentes villes pour un auditoire varié, de la Bretagne à la Belgique, dans des écoles d'infirmières, à la clôture du colloque de l'Association des Sages-Femmes à l'hôpital Cochin, à l'UNESCO au Bureau international catholique de l'enfance, j'ai parlé de l'A.N.E.E.A.D., et distribué des informations la concernant.

Une interview concernant l'A.N.E.E.A.D. est passée sur France 3 le 12 mai.

Ce compte rendu, je voudrais le terminer par un passage d'une lettre que m'écrivait la maman d'un bébé né avec une seule main. Croyez-vous vraiment, demandait-elle, qu'il pourra supporter une prothèse plus tard ?

Voici ce qu'elle m'écrivit le 7 octobre.

« Notre bout de chou a été appareillé, et il se sert tellement bien de sa prothèse comme si c'était sa main. Il s'appuie dessus quand il marche à quatre pattes. Il l'utilise pour tout. »

Extraits A.G. 1984

Cette année 84 a été riche en événements heureux dans notre famille A.N.E.E.A.D.

Marie-Laure H... nous dit sa joie d'avoir un mignon petit frère, Benoit, à aimer.

Élodie L... est fière de nous annoncer qu'elle a un gros petit frère à taquiner. Florian est glouton, mais je l'aime bien.

Michelle et Frédéric A... nous font part de la venue de leur petite Emmanuelle, leur premier enfant.

Mido et Jean-François C... annonce que la famille compte une petite Marie-Laure en plus.

C'est merveilleux !

Et merveilleux aussi, même s'il ne s'agit pas d'une naissance biologique. Madame D... nous dit son bonheur d'avoir pu enfin adopter la petite Anne-Claire.

Si j'ai commencé par les joies, il y a aussi des parents qui vivent des moments difficiles lors d'une intervention chirurgicale pour leur enfant.

Julien L... est resté dans le plâtre plusieurs mois. Puis une longue rééducation fut nécessaire avant qu'il puisse de nouveau gambader.

Cyril B... est, lui aussi, immobilisé. Il reste malgré tout le bébé sourire que nous connaissons.

Comme vous le voyez, notre Association a son utilité dans bien des domaines. Les quelques cent trente lettres écrites cette année sont peu de chose en comparaison de certaines détresses morales des parents qui se replient sur eux-mêmes.

Essayez de détecter ceux qui sont autour de vous et qui hésitent à faire le premier pas.

Extraits A.G. 1986

... Au cours de ces derniers mois, nous avons eu la joie de recevoir des lettres de sept nouvelles familles qui ont adhéré à l'A.N.E.E.A.D., dont certaines habitent loin, la Corse ou l'extrémité de la France, et ne peuvent se déplacer facilement avec un tout petit, pour assister à notre rencontre.

Deux autres familles ont exprimé le désir d'entrer en contact avec d'autres parents qui ont aussi un enfant avec un handicap semblable à celui de leur bébé, afin de savoir quels furent leurs problèmes et ce qu'ils ont fait au point de vue médical ou chirurgical.

... Faire comprendre à tous qu'un enfant physiquement incomplet peut et doit avoir une vie aussi heureuse et réussie que les autres.

Un papa me disait dernièrement :

« Si nous voulons que l'enfant accepte son handicap, il faut qu'il sente que nous-mêmes, nous l'avons accepté. »

Extraits A.G. 1988

L'an dernier, nous étions sous le coup du projet de loi du sénateur Caillavet sur l'euthanasie pour les bébés dysméliques.

Nous avions voté une Motion qui est parue dans plusieurs journaux, et que notre ami Yves Ogé a fait passer à Monsieur Jacques Barrot, président des Affaires culturelles, familiales et sociales à l'Assemblée nationale.

Il nous a donné une réponse favorable.

.../...

Un appareil pour manger

Cette aide technique, facile à mettre en œuvre, a été conçue pour permettre à une personne privée de l'usage des membres supérieurs de manger seule, si elle possède une mobilité suffisante de la tête, du tronc, du cou et de la bouche.

Cela lui permet de s'intégrer mieux à la société en partageant son repas à la même table que les autres.

L'idée de cette aide technique est venue en 1981, d'un parent, B. Bourgeois, faisant partie de l'A.N.E.E.A.D., pour sa fille Fanny atteinte d'arthrogrypose des quatre membres, et ne pouvant se servir que de sa tête.

Une première version de l'appareil (réglable en hauteur, et monté sur une ventouse) a permis à Fanny de prendre seule ses repas, solides ou liquides, avec une cuillère ou une fourchette en inox.

Une deuxième version a été mise au point en 1988, par Denise Legrix, qui souhaitait une adaptation plus esthétique utilisable sur toutes surfaces, et facilement transportable. Celle-ci a fait réaliser l'appareil par un artisan, en plusieurs exemplaires qui ont été donné à plusieurs personnes de l'A.N.E.E.A.D., et à l'Institut national de réadaptation de Saint-Maurice, Pavillons A et B. Cette deuxième version a été adoptée.

C'est une tige de 14 ou 20 cm, fixée sur un socle lourd (le tout pèse environ 600 g), dont l'extrémité élargie et évidée est munie d'un aimant tournant fixé par un écrou.

Réalisé en inox poli, il est pratique, peu encombrant, facile à nettoyer et esthétique.

La version à tige fixe a été choisie par rapport à la version à tige téléscopique, pour arriver à un coût peu élevé.

Deux modèles : à tige courte (14 cm), ou à tige longue (20 cm).

Cet appareil a l'avantage d'être transportable et peu encombrant.

Méthode d'utilisation

Tenir le couvert dans la bouche, le remplir, le poser sur l'aimant, le faire pivoter pour attraper le contenu, puis en le faisant pivoter à nouveau, le reprendre vide avec la bouche et le remplir ainsi de suite.

Extraits A.G. 1987

Lorsque chaque année je rédige le mot amical que je dois vous adresser, j'ai toujours un rayon de soleil dans le cœur en pensant à la joie que je vais avoir à vous retrouver à notre Assemblée générale.

Mais, aujourd'hui, mes amis, c'est avec une souffrance aiguë dans le cœur que j'écris.

Peut-être êtes-vous au courant du projet de loi présenté par l'APEH à Villejuif, dont le but est de laisser mourir les nourrissons atteints d'une infirmité inguérissable, parce que, dit-on, ils ne pourront jamais avoir une vie « digne ».

Y. Jegou, la fondatrice, ne craint pas de déclarer : « Il faut diminuer le nombre des enfants anormaux. Loin d'être heureux, ils perturbent gravement toute une famille qui en arrive à éprouver un sentiment de culpabilité si l'enfant est placé dans un établissement spécialisé. »

Cette même personne invoque encore les querelles entre père et mère qui ne manquent pas de surgir. « Il faut donc, conclut-elle, un texte de loi qui permette de laisser mourir un nourrisson. Un médecin ne commettra ni crime ni délit, en s'abstenant d'administrer à un enfant de moins de trois jours les soins nécessaires à sa vie. D'ailleurs, on tue déjà des nouveaux-nés clandestinement. »

C'est avec indignation que j'ai lu ces articles de journaux. D'abord, c'est une injure faite aux familles qui élèvent sans doute dans la difficulté leur enfant handicapé, mais toujours dans l'amour. Cela, peut-être à cause même de cette difficulté.

D'autre part, les auteurs se croient obligés de dresser un portrait caricatural des handicapés, qu'ils considèrent et décrivent comme des êtres qui font le malheur de leurs parents.

Mes amis, allons-nous laisser agir ces assassins s'arrogeant le droit de tuer ces bébés ? Qui leur a dit que ces enfants ne pouvaient pas apporter autant de bonheur à leurs parents que les enfants valides ?

Vous êtes tous ici pour en témoigner. Nous devons tous le dire et le crier très fort pour encourager les parents qui, perturbés par toutes ces pressions, hésiteraient à accepter leur bébé tel qu'il est, et à le protéger contre ces tueurs.

Parents, serrez très fort votre enfant dans vos bras protecteurs, pour que personne ne puisse vous le prendre.

Seul l'AMOUR peut sauver le monde.

Tous, nous devons lutter pour faire renaître et cultiver l'AMOUR.

Extraits A.G. 1989

A notre dernière rencontre de l'amitié les 15/16 mai, lors de la soirée après le spectacle et les farandoles folles des petits et des grands, nous avons eu la joie d'entendre notre amie Valérie nous chanter le texte qu'elle avait composé à l'intention de tous.

Ce texte, vous pouvez le lire, l'approfondir, l'emporter. Il reflète tellement bien le but de notre association et son désir de partager votre épreuve.

Si j'aime relater la réussite et le bonheur de nos jeunes amis, c'est pour vous le faire partager, mais aussi prouver que le handicap n'est pas la barrière que l'on croit pour une vie heureuse, une vie réussie.

Je voudrais que cela serve aussi aux adolescents qui sont parfois tentés de « montrer les dents » ou de « baisser les bras » devant les exigences de la vie, ce qui n'est pas la solution.

J'aimerais que la réussite de leurs aînés stimule leur volonté et leur persévérance pour réussir eux aussi. Que leur devise soit : « Toujours mieux, et toujours plus, dans la joie et l'espérance. »

L'A.N.E.E.A.D.
(Texte chanté sur l'air de la chanson
« Fais comme l'oiseau » de M. Fugain)

REFRAIN: Rejoins l'A.N.E.E.A.D.
C'est une grande famille, l'A.N.E.E.A.D.
Beaucoup d'amour et d'espoir, l'A.N.E.E.A.D.
Pour te donner cette force à l'A.N.E.E.A.D.
De croire en toi.

Nous avons voulu cet enfant
Ce petit être est différent
Fruit de notre amour, et pourtant
J'ai peur de l'avenir, dis
Comment pourra-t-il vivre demain
Face à l'ignorance des gens

Je ne sais pas, je ne sais plus
Je suis perdu.

J'ai grandi grâce à mes parents
Qui oublient parfois mes vingt ans
Vivre à fond, j'en suis impatient
Je ne vois pas la route, dis
Comment peut-on vivre isolé
De la passion et de l'amour
Je ne sais pas, je ne sais plus
Je suis perdu.

Les progrès vont lentement
Pour exister réellement
Sans charité des braves gens
Je voudrais tant y croire, dis
Est-ce que je dois montrer les dents
Est-ce que je dois baisser les bras
Je ne sais pas, je ne sais plus
Je suis perdu.

Valérie GENTY
13 mai 1989

Extraits A.G. 1990

Les 20 ans de L'A.N.E.E.A.D.

Depuis 1962, après le drame survenu en Belgique où une femme avait empoisonné son bébé, parce qu'il était né sans bras, je désirais que soit crée un Centre, pour accueillir les enfants qui naissaient avec des membres en moins, pour éviter que cela ne se reproduise.

Il fut réalisé en 1962, mais ce n'était pas suffisant, il fallait soutenir les parents dans cette épreuve.

Avec quelques amis, Jean-Jacques Normand, Georges Siles, Germaine Leprovost, Just Gourrier, Raymonde Dubernet, et moi-même, nous avons longuement réfléchi, et c'est ainsi que l'Association nationale d'entraide aux enfants et adultes dysméliques (A.N.E.E.A.D.) est née en juillet 1970.

Le but était de prendre contact avec les parents désorientés face à ce petit être incomplet, pas comme les autres : « Que fera-t-il dans la vie ? Il ne pourra jamais être heureux ! » Combien de parents en larmes nous ont confié leur désarroi.

Ce que nous voulions, c'était les écouter et leur rendre l'espoir en leur donnant l'exemple de tels ou tels parents ayant eu à faire face au même problème, et qui ont été surpris de tout ce que leur enfant pouvait faire. Ils n'auraient jamais cru que c'était possible.

Parfois, une prothèse était nécessaire, ou une intervention chirurgicale, alors nous donnions des adresses, un chirurgien ou un orthopédiste renommé, un centre de rééducation, si nécessaire, pour un séjour plus ou moins long, faciliter les démarches pour l'admission, mais aussi pour sortir un bébé d'une pouponnière qui voulait convaincre les parents désespérés qu'ils ne devaient pas sortir leur petite fille de ce milieu privilégié face à son handicap, trop lourd pour qu'il puisse l'assumer.

Quelle joie pour les parents quand ils ont compris qu'ils pouvaient reprendre leur enfant et le serrer dans leurs bras vides, sans demander la permision.

Je pourrais citer d'autres cas plus dramatiques encore où nous sommes intervenus, mais la discrétion ne me le permet pas.

Sachez seulement que les rencontres entre parents pouvant échanger sur leur vécu à la naissance de leur enfant, la solitude qui suit toujours cette naissance, l'abandon de parents, d'amis chers qui refusent de le connaître, l'incompréhension ressentie douloureusement par les parents, l'angoisse de son avenir, imprévisible pour tous, mais, plus encore pour celui qui apparemment n'est pas comme les autres.

Toutes ces impressions douloureuses, ces angoisses torturantes se sont atténuées dès les premières rencontres avec d'autres parents, avec l'enfant différent qui n'est plus un bébé, et s'épanouit joyeux comme ses frères et sœurs. C'est alors la certitude que leur propre enfant fera de même, ou autrement, avec ce qu'il a et comme il est, mais qu'il pourra être heureux aussi.

Je ne m'étendrai pas sur la réussite des plus de vingt ans, mais ce qui est sûr c'est que nous sommes fiers de la réussite de chacun.

En terminant ce survol des vingt ans de l'A.N.E.E.A.D., j'ai une pensée toute affectueuse pour ceux et celles qui ne sont plus, mais restent toujours présents dans notre cœur.

Tous les adhérents et amis qui permettent à l'A.N.E.E.A.D. de poursuivre son but. Leurs témoignages d'amitié sont un encouragement pour les parents et chacun de nous.

A tous, présents et absents, nous vous disons un chaleureux merci, et…

Bonne route à l'A.N.E.E.A.D..

Extraits A.G. 1991

… C'est bien le but de l'A.N.E.E.A.D. : Partager l'expérience de ceux qui ont déjà vécu les mêmes soucis à la naissance de ce petit être incomplet. Apprendre qu'il existe des prothèses, et avoir une vie normale, même avec ce handicap auquel il s'est adapté tout naturellement, ce que ses parents ne pouvaient pas prévoir, sous le choc, à sa naissance.

Demander des renseignements à l'A.N.E.E.A.D. ne veut pas dire qu'il faut adhérer à l'Association. Nous sommes toujours heureux d'accueillir des amis, mais chacun est libre. Nous restons à la disposition de tous, adhérents ou non. Que ce soit très clair !

Extraits A.G. 1992

Peut-être avez-vous entendu parler, en décembre dernier, du licenciement scandaleux de Dominique Raffin qui avait été engagée pour un poste intérimaire d'hôtesse d'accueil, pour une durée de 12 jours. Lorsque son employeur a remarqué que Dominique avait une prothèse à la main gauche – ce qui ne la gêne nullement pour exercer une profession – elle l'a accusée, sans lui donner le temps de faire ses preuves, de l'avoir trompée en signant le contrat.

Un procès ayant été intenté, l'avocat me demanda de venir témoigner au tribunal. Ce fut dur, émouvant, d'autant plus que le verdict n'était pas rendu immédiatement. Au bout d'un certain temps, Dominique me téléphona : « Denise, j'ai gagné ! La direction est condamnée à verser une amende au titre de la loi EVEN sur la protection des handicapés et une somme... de dommages et intérets à moi-même. »

Souhaitons que cette pénible affaire puisse, à l'occasion, aider d'autres travailleurs en difficulté par suite de licenciement abusif.

Extraits A.G. 1993

... La solidarité entre parents, c'est vraiment ce que nous avons toujours souhaité...

... Les jeunes... C'est une grande joie pour nous tous de constater leur ténacité à construire leur vie. Nous leur souhaitons à tous une belle réussite et une vie heureuse.

Déjà j'ai dit que nous avions un « Eventail » de « jeunes battants » pour s'insérer dans la vie, pour construire leur vie ! Que cet éventail continue à s'ouvrir ! Ne croyez-vous pas ?

Les « mots de Denise » sont aussi toutes les nouvelles des familles et des amis de l'A.N.E.E.A.D. que l'on ne peut citer ici : naissances, mariages, deuils, nouvelles rencontres, problèmes de santé, réussites scolaires, projets d'avenir, exploits en tout genre.

Au fil des années, comme un enfant devient adulte, l'A.N.E.E.A.D. prend son autonomie.

Et j'ai la joie d'être entourée par toute une équipe de jeunes, de parents et d'amis.

Questions le plus souvent posées :
Etes-vous heureuse ?
– Je suis pleinement heureuse.
D'où tenez-vous votre bonheur ?
– Du bonheur que les autres me donnent, et celui, qu'à travers tous mes actes, je m'efforce de leur donner.
Possédez-vous donc tous les bonheurs que l'on peut donner ?
– Je possède le secret de l'amour que je donne aux autres, mais j'ai peut-être aussi le secret de ne pas envier un bonheur qui appartient aux autres.

Je crois que je peux expliquer tout cela en quelques mots. A travers tous les actes de ma vie, je ne me passe de Dieu. Dieu donne à chacun sa chance de vivre bien, son droit à un certain bonheur. Mais il faut que ce « certain bonheur » soit apprécié de chacun.

« Ne pas se plaindre » disent comme règle de rigueur les artistes-peintres ayant un handicap. (A.P.B.P. – Association des Artistes peignant de la bouche et du pied). Je dirais, moi : « Ne pas nous plaindre ».

Etre, parce que nous aimons...

Nous aimons chaque instant de la vie.

Après avoir vécu vingt-et-un ans à Paris, c'est en 1979 que j'ai dû quitter la Capitale, avec regret, pour regagner la province pour une raison familiale.

Je me suis donc retrouvée à Lisieux dans des circonstances difficiles, car je ne connaissais personne, ou presque.

Ce fut une période douloureuse. Par le décès de ma sœur, malade depuis deux ans, je me retrouvais pratiquement seule. Je vécus deux expériences pénibles, concernant la tierce personne dont j'ai besoin.

La troisième fut la bonne, et ma vie fut transformée. J'ai pu alors reprendre les conférences que j'avais dû reporter en raison de ce changement de domicile. Cette reprise d'activités, de rencontres, de voyages me fut bénéfique, et j'ai sillonné la France d'est en ouest, du nord au sud, avec beaucoup de satisfaction et même parfois de joie...

Trois ans plus tard, l'Association des Peintres de la bouche et du pied m'a demandé de rendre visite à nos amis artistes-peintres résidant en France, afin de les interviewer sur leur vie artistique et familiale en vue de faire éditer un nouveau livre nous concernant tous.

J'étais si heureuse d'en retrouver certains, de faire la connaissance des autres, de découvrir leur talent, leur courage face à leurs difficultés afin de peindre avec la bouche ou avec le pied pour réaliser des œuvres de qualité, « d'art ».

J'eus toujours un accueil chaleureux. J'étais ravie de cette expérience qui m'a procuré beaucoup de joie partagées.

Etant à Lisieux, ville de pélerinage par excellence, et le berceau de Sainte Thérèse de l'Enfant Jésus, je suis parfois sollicitée pour parler à certains groupes manifestant le désir de me rencontrer : des adultes, mais aussi des jeunes avides de savoir comment on peut, malgré tout, vivre avec un handicap.

J'ai des contacts très intéressants et je suis heureuse de leur expliquer tout le courage et la ténacité dont mes amis font preuve pour devenir indépendants, gagner leur vie, et aussi la construire malgré leur handicap et les difficultés d'insertion.

Bel exemple pour tous les valides jeunes et moins jeunes.

Nous avons crée l'Association Nationale d'Entraide aux Enfants et Adultes Dysméliques (ANEEAD) 10 rue du Jura 75013 Paris pour créer des liens entre les familles qui ont un enfant né avec un handicap physique. J'ai la joie d'être déléguée aux relations parentales afin de les aider à comprendre que leur enfant peut être heureux comme il est, et avec ce qu'il a, que tous les espoirs sont permis.

Je suis le lien entre tous dans l'amitié et la joie. Je peux dire : « J'ai de la chance ! J'aime la vie, c'est le cri de mon cœur. »

Imprimé en C.E.E.
Dépôt légal: 4ème trimestre 1998
ISBN 2-9508407-0-1
Réimpression en 2006